U0903185

◎京师国际刑事法文库（23）

◎外国刑事法翻译系列之十五

希腊刑法典

Penal Code Of Greece

陈志军　译

中国人民公安大学出版社

·北　京·

图书在版编目（CIP）数据

希腊刑法典/陈志军译．—北京：中国人民公安大学出版社，2010.6

（京师国际刑事法文库．外国刑事法翻译系列）

ISBN 978-7-5653-0061-5

Ⅰ.①希… Ⅱ.①陈… Ⅲ.①刑法—法典—希腊 Ⅳ.①D954.54

中国版本图书馆 CIP 数据核字（2010）第 094145 号

希腊刑法典

Penal Code Of Greece

陈志军 译

出版发行：中国人民公安大学出版社
地　　址：北京市西城区木樨地南里
邮政编码：100038
经　　销：新华书店
印　　刷：北京市泰锐印刷厂

版　　次：2010 年 6 月第 1 版
印　　次：2010 年 6 月第 1 次
印　　张：6.5
开　　本：880 毫米×1230 毫米　1/32
字　　数：158 千字

书　　号：ISBN 978-7-5653-0061-5/D·0043
定　　价：25.00 元

网　　址：www.cppsup.com.cn　www.porclub.com.cn
电子邮箱：cpep@public.bta.net.cn　zbs@cppsu.edu.cn

营销中心电话（批销）：（010）83903254
警官读者俱乐部电话（邮购）：（010）83903253
读者服务部电话（书店）：（010）83903257
教材分社电话：（010）83903259
公安图书分社电话：（010）83905672
法律图书分社电话：（010）83905637
公安文艺分社电话：（010）83903973
杂志分社电话：（010）83903239
电子音像分社电话：（010）83905727

北京师范大学刑事法律科学研究院
京师国际刑事法文库

总　序

20世纪70年代末80年代初以来，为顺应现代社会发展进步的历史潮流，在坚定不移地推行改革开放的基本国策之同时，中国政府尤为注重社会主义法治的建设与发展。随着立法日益健全，司法不断完善，法学欣欣向荣，国家和社会已经步入现代法治的轨道，从而有力地维护和推动了经济、政治、文化乃至整个社会全方位的发展与进步。在中国社会发展进步的历程中，社会主义法治系统必将发挥日益重要的作用。这一系统的发展完善离不开现代法学理论的引导和推动。因此，进一步重视法学研究，尤其是外向型、国际型法学研究，无疑具有长远的战略意义，刑法学领域亦然。

北京师范大学刑事法律科学研究院（以下简称刑科院）是北京师范大学重点建设的专门从事刑事法学研究的中国刑事法学领域首家且目前系唯一的具有独立性、实体性、综合性的新型学术研究机构和研究生培养单位。刑科院立足本国国情，在大力发展中国刑事法学研究的同时，专设国际刑法研究所暨外国刑法与比较刑法研究所，关注国际刑法、外国刑事法、比较刑事法的基础理论研究，并注重对当前国际刑事法理论与实务中热点、难点问题的研究。刑科院国际刑法学、外国刑事法、比较刑事法等外向型研究方面的研究力量，以本单位的教师和博士生为基本队伍，同时聘任、定向联系国内外一些著名大学和研究机构的知名刑事法及国际法专家学者、国际刑事审判机构的法官、联合国暨国际学术研究机构的知名学者。刑科院注重开拓的国际刑法学领域的学术研究范围主要包括：国际刑法的基础理论、国际犯罪、国际刑事审判、国际刑事司法协助与合作等。刑科院力图通过课题研究、学术研讨活动以及同国内外专家、学者和学术机构的学术交流与合作研究等多种渠道、多种形式，努力促进与繁荣我国外向型和国际型刑事法学研究，以适应国家在改革开放中加强刑事法制建设的需要。

“京师国际刑事法文库”，是以开拓和繁荣外向型、国际型刑事法学研究为主旨的一种学术载体形式，与北京师范大学刑事法律科学研究院的“京师刑事法文库”分工不同、相辅相成。本“文库”在广义上理解和包容国际刑事法，拟出版国内外专家学者在国际刑法、比较刑法、外国刑法、比较刑事诉讼法、外国刑事诉讼法等方面的科研成果，可以是专题研究、综合研究，可以是国外、境外法典、著作的译作或介述研究之作，还可以是国内外专家学者的合作研究项目。其中，研究性著作应具有较高的学术水平，译著、介述书籍和工具书、资料书等应具有重要的参考价值。

古人云：“合抱之木，生于毫末；九层之台，起于垒土；千里之行，始于足下。”聚沙成塔，集腋成裘。我们希望能通过以文库形式的逐步积累，为我国国际刑法学和其他外向型刑事法学的发展，为法治之昌盛和社会之进步，作出应有的贡献。

是为序。

北京师范大学刑事法律科学研究院

院长　赵秉志教授　谨识

2008 年 12 月修订

College for Criminal Law Science of Beijing Normal University

International Criminal Law Library of BNU

Preface

Since the late 1970s and early 1980s, Chinese government, to be in conformance with the trend of progressive development of modern society, has put a special emphasis on the construction and development of socialist legal system, besides firmly adhering to the principal national policy of reform and opening-up to the foreign countries. Along with the gradual perfection of legislation and judicial practice, legal science thrives and our country and society is stepping to the track of modern rule of law, which further forcefully safeguards and facilitates the development and progress of all fields such as economy, politics, culture and even the whole society. In the course of social development and progress in China, our socialist legal system will certainly play a more and more important role, which, however, is impossible without the legal theory to pilot and drive. In other words, it is of significance of long-term strategy to further reinforce legal science studies (including criminal jurisprudence studies), especially extrovert and international legal studies.

The College for Criminal Law Science of Beijing Normal University (hereinafter the College), founded in August of 2005, is the first and, at present, the only academic research organ in China specializing in criminal jurisprudence that is independent and comprehensive entity and undertakes the mission of educating postgraduates. Basing itself upon the situation of China, The College, in addition to fully developing the studies on Chinese criminal law, specially establishes the Institute for International Criminal Jurisprudence Studies, the Institute for Foreign Criminal Law and the Institute for Comparative Criminal Law, which focuses on constructing the basic theory of international criminal jurisprudence and researching the theoretic and practical hot-topics and difficulties in current international criminal law. The main force of international criminal jurisprudence staffed the College is the professors and doctorate candidates thereof, besides those who are invited as fellow researchers or fellow professors such as famous scholars and specialists engaging in criminal and international law, foreign criminal law and comparative criminal law from the prestigious universities and academic organizations home and abroad, judges from the international criminal judicial agencies and famous scholars from UN and international academic research organizations. With respect to the international criminal jurisprudence, the College opens the main academic fields for research including the basic theory of international criminal jurisprudence, international crimes, international criminal trial, and international judicial assistance in criminal matters ,and so on. The College seeks to facilitate and thrive studies on the extrovert and international criminal law through various channels and programs such as project researches, academic workshops, academic exchange and cooperation with domestic and foreign specialists, scholars and academic organs, so as to meet the requirements of strengthening criminal legal construction in the course of reform and opening up to the foreign countries. International Criminal Law Library of BNU, undertaking different missions from Criminal Jurisprudence Library of BNU but supplementing each other, seeks to exploit and deepen and thrive the academic researches on extrovert and international criminal jurisprudence. With a broad understanding and including of international criminal law, the library consists of the academic achievements by domestic and foreign specialists and scholars on international criminal law, comparative criminal law, foreign criminal law, comparative criminal procedure law and foreign criminal procedure law, which may be of either special topics or general topics in a rather profound academic level, or introduction or translations of foreign literatures and codifications with much value of references, or research projects co-operated by domestic and foreign specialists. As an ancient master said, "A huge tree grows from a tiny seedling; A nine-storey tower begins with a pile of earth; A thousand-li journey begins with the first step." "Grains of sand piled up make a pagoda; The finest fragments of fox fur, sewn together, will make a robe." Through the program of library, we seek to accumulate academic fruits and develop the international criminal jurisprudence and other extrovert criminal jurisprudence, so as to make our contributions to the prosperity of rule of law and progress of the society.

Prof. Zhao Bingzhi
Dean of College for Criminal Law Science
Beijing Normal University
December 2008

目　　录

译者序

希腊位于巴尔干半岛最南端，北同保加利亚、马其顿、阿尔巴尼亚相邻，东北与土耳其的欧洲部分接壤，西南濒爱奥尼亚海，东临爱琴海，南隔地中海与非洲大陆相望。大陆部分三面临海。境内多半岛、岛屿，最大半岛是伯罗奔尼撒半岛，最大岛屿为克里特岛。希腊是欧洲文明的发祥地，创造过灿烂的古代文化，在音乐、数学、哲学、文学、建筑、雕刻等方面都曾取得过巨大成就。西方哲学的鼻祖苏格拉底、柏拉图、亚里士多德，医学之父希波克拉提斯，发明勾股定理的毕达哥拉斯都是希腊人；民主政治、伊索寓言、荷马史诗、学校的观念、体育馆、算术、几何、修辞学、生物学、物理学、诗词、戏剧、音乐、哲学、神学、斯多葛学派、伊壁鸠鲁学派、伦理学、政治学等西方文明的重要发展，除了工业革命带来的新事物外，几乎都在希腊奠基。奥林匹克运动会也起源于古希腊，因举办地点在奥林匹克而得名。公元前2800年至公元前1400年，克里特岛和伯罗奔尼撒半岛先后出现了米诺斯文化和迈锡尼文化。公元前800年形成了数以百计的独立城邦。雅典、斯巴达、底比斯等是其中最发达的城邦。公元前5世纪为希腊鼎盛时期。1460年开始被奥斯曼帝国统治。1821年3月25日，希腊爆发反土耳其侵略军的独立战争，同时宣布独立。1829年9月24日，土军全部撤出希腊。第二次世界大战期间，希腊被德国、意大利军队占领。1944年全国解放，恢复独立。1946年国王复位。1949年内战结束后的希腊宣布加入北约组织。1967年4月军人发动政变，建立了军人独裁政权。1973年6月废黜国王，确立共和制。1974年7月军政府垮台，12月举行公民投票，确立国家政体为共和制。1981年希腊正式加入欧共体。2001年希腊加入欧元区。

1833年希腊就颁布了第一部刑法典。1950年8月17日第182号国家公报颁布现行刑法典（第1492/1950号法案），于1951年1月1日起施行。该刑法典深受1871年《德国刑法典》和1813年《巴伐利亚刑法典》的影响。该刑法典迄今经历了数十次的局部修正仍在施行，最近的一次修正是2009年7月10日第3772/2009号法案所进行的修正。现行的希腊刑法典①的主要内容如下：

1. 刑法的渊源

希腊的刑法立法包括刑法典和特别刑法。刑法典是刑法的主体，还有单行刑法，如1995年2月1日第2287/1995号法案通过的《军事刑法典》。此外，在其他不少的民事、经济、行政法律中规定了刑事责任条款，如1729/1987号法案通过的《毒品基本法》。本书只对刑法典及其被修正部分进行翻译。

2. 刑法典的体系

希腊刑法典分为总则、分则和附则三编。总则部分包括8章：第一章“刑法”、第二章“犯罪”、第三章“未遂与共犯”、第四章“刑罚、保安处分与赔偿”、第五章“刑罚的裁量”、第六章“缓刑与假释”、第七章“刑罚消灭事由”和第八章“对未成年人的特别规定”。分则部分包括27章：第一章“侵害宪法罪”、

① 1950年8月17日第182号国家公报作为第1492/1950号法案颁布，1951年1月1日起施行。

第二章“叛国罪”、第三章“危害外国国家罪”、第四章“危害自由行使政治权利罪”、第五章“侵害国家权威罪”、第六章“危害公共秩序罪”、第七章“损害宗教安宁罪”、第八章“有关兵役和征兵条件的犯罪”、第九章“妨害货币罪”、第十章“危害文书罪”、第十一章“妨害司法管理罪”、第十二章“公务犯罪”、第十三章“危害公共安全罪”、第十四章“危害公共交通安全、电话通信和公用设施罪”、第十五章“危害生命罪”、第十六章“伤害罪”、第十七章“决斗罪”、第十八章“侵害人身自由罪”、第十九章“侵害性自由罪与性剥削罪”、第二十章“妨害婚姻与家庭罪”、第二十一章“侵害名誉罪”、第二十二章“侵害秘密罪”、第二十三章“侵犯财产罪”、第二十四章“侵犯财产权利罪”、第二十五章“乞讨罪与流浪罪”、第二十六章“违警罪”、第二十七章“最后条款”。

3. 罪刑法定原则

希腊刑法典第 1 条规定：“刑罚只能适用于在其实施之前法律已经明确地规定应当处以刑罚的行为。”

4. 刑法的地域效力

希腊刑法采取以属地管辖为原则，有限制的属人管辖、有限制的保护管辖和有限制的普遍管辖为补充的刑事管辖权体制。希腊刑法典第 5 条第 1 款规定：“在希腊领域内所实施的犯罪行为，都应当适用希腊刑法，即使是由外国人实施的也不例外。”第 2 款规定：“希腊船舶和航空器视为希腊的领土，但根据国际法应当适用外国法律的情况除外。”此外，希腊刑法典还在第 6 条、第 7 条和第 8 条规定了有限制的属人管辖、有限制的保护管辖和有限制的普遍管辖。

5. 刑法的溯及力

希腊刑法在此问题上采取区别对待的做法：（1）以有利于被告人主义为一般原则。希腊刑法典第2条第1款规定："如果从行为的实施到最终判决作出之前对之存在两部或者更多的可适用的法律的，适用对被告人处罚最轻的法律。"第2款规定："如果作出最终判决之后的法律不再将该行为规定为犯罪的，所被适用之刑罚的执行和刑事法律后果应当终止。"（2）对限时法采取从旧原则。希腊刑法典第3条前段规定："限时法在其停止施行后，仍然可以适用于在其施行期间所实施的行为。"（3）对保安处分采取从新原则。希腊刑法典第4条第1款规定："对第68条、第71条、第72条、第73条、第74条和第76条所规定的保安处分，可以依据在对行为进行审判时所施行的法律予以适用。"

6. 犯罪概念

希腊刑法上明确地规定了犯罪概念。希腊刑法典第14条第1款规定："犯罪是依法可以追究刑事责任的、违法的、可以归责于行为人的行为。"可见希腊采取的是形式的犯罪概念。

7. 犯罪分类

希腊刑法典第18条根据法定刑的差异将犯罪划分为以下三种类型：（1）重罪，即可以判处惩役的行为。（2）轻罪，即可以判处监禁、罚金或者禁闭于青少年专门羁押机构的行为。（3）违警罪，即可以判处拘留或者科料的行为。

8. 行为时和行为地

希腊刑法对行为时和行为地这两个与刑法时间效力和空间效力密切相关的概念的含义作出了规定。（1）行为时。希腊刑法典第17条规定："行为时，是指行为人作为或者应当作为之时。除非另有不同规定，否则行为时与其结果发生的时间无关。"

（2）行为地。希腊刑法典第 16 条规定："行为地，是指行为人实施全部或者部分的犯罪作为或者不作为之地，或者结果发生之地，在未遂的情况下，包括行为人意图导致结果之地。"

9. 刑事责任能力

（1）刑事责任年龄。希腊刑法典第 127 条第 1 款规定："法院对已满 13 周岁的未成年人所实施的行为的情节和其整体的人格进行审查后，如果认为有必要通过刑罚矫正来预防其实施新的犯罪的，可以判决将其禁闭于青少年专门羁押机构。"第 126 条第 2 款规定："未满 13 周岁的未成年人实施犯罪行为的，只应当适用教育处分或者治疗处分。"可见，希腊刑法典确定的最低刑事责任年龄为 13 周岁。（2）精神病人的刑事责任能力。希腊刑法典把精神病人的刑事责任能力分为完全无刑事责任能力和减轻刑事责任能力两种类型。希腊刑法典第 34 条规定："如果行为人在实施行为之时因为精神病或者意识障碍，而不具有认识其行为的违法性质或者根据对行为违法性质的认识而行为之能力的，其所实施的行为不能归责于行为人。"第 36 条第 1 款规定："对因为第 34 条所指的精神状况责任能力没有完全丧失但被重大减弱的人，如果应当被归责的，按照第 83 条规定的减轻的刑罚处罚。"（3）聋哑人的刑事责任能力。希腊刑法典将聋哑人的刑事责任能力分为完全无刑事责任能力和减轻刑事责任能力两种类型。第 33 条第 1 款规定："如果聋哑人不具有认识其行为的违法性质或者根据对行为违法性质的认识而行为之必需的精神能力的，不可归责。"第 2 款规定："对不符合前款所指的适用条件的聋哑人，按照第 83 条规定的减轻的刑罚处罚。"

10. 犯罪未完成形态

希腊刑法典规定了未遂犯，具体包括犯罪未遂（障碍未遂）

与犯罪中止（中止未遂）两种具体的犯罪未完成形态，并且明确规定了不能犯的刑事责任原则。（1）犯罪未遂（障碍未遂）。希腊刑法典第42条第1款规定："决意实行重罪或者轻罪的人在着手实行以后，如果未能完成该重罪或者轻罪的，按照第83条规定的减轻的刑罚追究刑事责任。"第2款规定："如果法院认为前款所指的减轻的刑罚不足以预防犯罪人再实施其他犯罪行为的，可以对之适用与该犯罪的既遂相同的法定刑。"第3款规定："对于法定刑不超过3个月监禁的犯罪的未遂，法院可以决定不予以追究刑事责任。"（2）不能犯。希腊刑法典第43条第1款规定："力图实施重罪或者轻罪，但由于所使用的工具或者行为对象的性质使得这些犯罪不可能被实施的，根据第83条规定的减轻的刑罚追究刑事责任。"第2款规定："因为愚昧无知而实施这种不能之未遂的，不追究刑事责任。"（3）犯罪中止。希腊刑法典第44条第1款规定："行为人着手实行重罪或者轻罪以后，基于其本人的意志而非客观障碍而未完成实行的，属于不应当追究刑事责任的未遂。"第2款规定："行为人在实行终了完成之后，基于其本人的意志阻止可能发生的作为该重罪或者轻罪构成要件的结果之发生的，在第83条规定的刑罚基础上减轻1/2追究刑事责任。但是，法院可以在考虑所有情节的基础上自由裁量地宣告为不应当追究刑事责任的未遂。"可见，希腊对犯罪中止是区分不同的情况决定是否追究刑事责任的。

11．共同犯罪

（1）共同犯罪人的分类。希腊刑法典把共犯人分为共同正犯、教唆犯和帮助犯三类。其中，帮助犯又分为直接帮助犯和普通帮助犯两类。（2）非身份犯可以构成身份犯的共同犯罪，但对非身份者可以减轻处罚。希腊刑法典第49条第1款规定："对以特殊的身份或者关系为法定构成要件的犯罪，如果只有实行者具有该身份或者关系的，对第 46 条第 1 款所指的关联人，按照第 83 条所规定的减轻的刑罚予以处罚；如果只有第 46 条第 1 款和第 47 条所指的关联人具有该身份或者关系的，将其作为正犯追究刑事责任，将实行者作为从犯追究刑事责任。”（3）专属于部分共同犯罪人的量刑情节之效力不能及于其他共犯人。希腊刑法典第 49 条第 2 款规定：“加重、减轻或者免除刑罚的个人的身份、关系或者其他情节，效力只能及于具有该情节的共同犯罪人。”

12. 正当行为

希腊刑法中的正当行为分为：（1）上级命令。希腊刑法典第 21 条规定：“执行有权机关依据法定程序向其下达的命令而实施的行为，如果法律不允许命令接受人对命令的合法与否予以考虑的，阻却其违法性。在这种情况下，将下达命令的人作为实行人追究刑事责任。”（2）正当防卫。希腊刑法典第 22 条第 1 款规定：“防卫时实施的行为，阻却违法性。”（3）紧急避险。希腊刑法典第 25 条第 1 款规定：“为了使本人或者他人的人身或者财产免受正在发生的非因本人过错所导致的危险，在别无他法的情况下所实施的行为，如果对他人所造成的损害在性质和数量上明显地轻于受威胁的损害的，阻却违法性。”值得注意的是，希腊刑法将紧急避险同时规定为违法阻却事由和责任阻却事由。希腊刑法典第 32 条第 1 款规定：“为了使本人或者其尊亲属、卑亲属、兄弟姐妹、配偶的人身或者财产免受正在发生的非因本人过错所导致的危险，在别无他法的情况下所实施的行为，如果对他人所造成的损害在性质和数量上相当于受威胁的损害的，不归责于行为人。”（4）行使权利或者履行依法赋予的义务。希腊刑法典第

20 条规定："除了刑法典规定的情况（第 21 条、第 22 条、第 25 条、第 304 条第 4 款和第 5 款、第 308 条第 2 款、第 367 条、第 371 条第 4 款）外，如果属于行使权利或者履行依法赋予的义务的，阻却该行为的违法性。"

13. 刑罚的种类

希腊的刑罚包括主刑和从刑两大类。主刑包括自由刑和金钱刑。自由刑包括惩役、监禁、禁闭于青少年专门羁押机构、禁闭于精神病治疗机构和拘役。惩役包括终身惩役和有期惩役。金钱刑包括罚金和科料。从刑包括剥夺政治权利、剥夺资格和公布有罪判决。值得关注的是，1994 年 4 月 25 日，希腊以第 2207/1994 号法案废止了除实施于战时的严重叛国罪以外的其他死刑。2002 年，欧洲理事会通过了《欧洲人权公约》第 13 号议定书，规定缔约国无条件地废除一切情况下的死刑。该议定书经过签署和批准，于 2003 年 7 月 1 日起正式生效，希腊于 2005 年 2 月 1 日向欧盟理事会秘书长递交该议定书的批准文件，该议定书于 2005 年 6 月 1 日起在希腊施行。希腊最后实际执行死刑是在 1972 年 8 月 25 日。

14. 量刑情节

希腊刑法第 79 条对量刑时应当考虑的情节作出了规定。该条第 1 款规定："在法律规定的限度内量刑时，法院应当考虑：a）所实施的犯罪的严重程度；以及 b）行为人的人格。"该条第 2 款规定："法院在评价犯罪的严重程度时，应当考虑：a）犯罪所造成的损害或者所导致的危险；b）犯罪的性质、类型、对象，以及犯罪的预备或实行中所伴随的时间、地点、工作、方式等情节；c）行为人的故意的强度或者过失的程度。"第 3 款规定："在评价行为人的人格时，法院尤其应当注意衡量在行为实施过程中所表现出来的行为人的犯罪意向的程度。为了准确地认定，应当考察下列情节：a）导致其实施犯罪的原因、行为的动机和所追求的目的；b）体质和发育程度；c）个人境况、社会环境和以往表现；d）行为中的行为表现和行为后的行为表现，尤其是显示其悔悟和纠正行为后果的意愿的行为表现。基于民族仇恨、种族仇恨、宗教仇恨或者被害人不同的性取向而实施犯罪行为的，是加重处罚情节。”

15. 减轻处罚制度

希腊刑法上的减轻处罚分为法定减轻和酌定减轻两种。（1）法定减轻。希腊刑法典第 83 条规定：“在不具有任何其他加重情节的情况下，如果具有本法典总则所规定的减轻刑罚事由的，应当按照下列规定量定刑罚：a）替代终身惩役，适用不少于 10 年的有期惩役；b）替代超过 10 年的惩役，适用不超过 12 年的惩役或者不少于 2 年的监禁；c）替代不超过 10 年的惩役，适用不超过 6 年的惩役或者不少于 1 年的监禁；d）对其他情况，法院可以自由裁量地减轻刑罚直至该刑种的最下限；e）如果法律规定了剥夺自由刑并处金钱刑的，只适用金钱刑。”（2）酌定减轻。希腊刑法典第 84 条第 1 款规定：“在法院认定存在减轻处罚情节的情况下，也可以在前条规定的幅度内减轻刑罚。”第 2 款规定：“减轻处罚情节尤其应当考虑下列情形：a）行为人在犯罪之前总体上过着诚实的个人生活、家庭生活、职业生活和社会生活；b）在高尚的动机或者极度贫困的驱使下实施犯罪，或者在严重威胁的支配下实施犯罪，或者在其必须服从或者所隶属的人的强迫下实施犯罪的；c）在由被害人的不正当行为的驱动下实施犯罪，或者在针对其所实施的不正当行为所产生的剧烈的愤怒或者悲伤支配下实施犯罪的；d）表现出真诚悔罪和力图消除或降低行为所造成的后果的；e）行为人在实施行为之后的相当长时间内表现良好的。”

16. 刑罚易科制度

刑罚易科制度是希腊刑法上重要的刑罚制度，其适用的范围较为宽泛。希腊刑法典第 82 条第 1 款规定：“不超过 1 年的剥夺自由刑，易科为罚金或者科料。”第 2 款规定：“超过 1 年但不超过 2 年的剥夺自由刑，易科为罚金，但行为人是累犯并且法院出于预防其实施其他犯罪的目的而有合理根据地决定拒绝对其予以易科的除外。”“对超过 2 年的剥夺自由刑，在被判刑人无论以任何方式服刑达 1/2 刑期并且剩余刑期不超过 2 年时，基于被判刑人的申请，可以由羁押地的地方法院的 3 名刑事法庭法官决定予以易科罚金，但依据该罪犯在服刑期间的总体表现有具体根据地认为罚金不足以预防其实施其他犯罪的除外。……”“对超过 2 年但不超过 3 年的剥夺自由刑，如果法院认为易科足以预防行为人再实施其他犯罪的，作出说明具体理由的判决予以易科罚金。”

17. 保安处分

希腊刑法上的保安处分包括对精神病人的收容、将酗酒者和有毒瘾者移送治疗机构、交付劳动机构、禁止在特定地区居留、驱逐外国人出境。

18. 刑罚消灭制度

希腊刑法规定了时效和放弃告诉两种刑罚消灭事由。时效分为追诉时效和行刑时效。

由于水平所限，加之从英文版本转译而来，不当之处，敬请读者批评指正。

第一编 总 则

第一章 刑 法

I. 刑法的时间效力

第 1 条 无法律即无刑罚

刑罚只能适用于在其实施之前法律已经明确地规定应当处以刑罚的行为。

第 2 条 更有利之法律的溯及既往

1. 如果从行为的实施到最终判决作出之前对之存在两部或者更多的可适用的法律的，适用对被告人处罚最轻的法律。

2. 如果作出最终判决之后的法律不再将该行为规定为犯罪的，所被适用之刑罚的执行和刑事法律后果应当终止。

第 3 条 法律的时间效力

限时法在其停止施行后，仍然可以适用于在其施行期间所实施的行为。对其他法律适用前条第 1 款的规定。

第 4 条 保安处分的执行

1. 对第 69 条、第 71 条、第 72 条、第 73 条、第 74 条和第 76 条规定的保安处分，可以依据在对行为进行审判时所施行的法律予以适用。

2. 对第 2 条第 2 款规定的情形，由法院基于检察官的提议，对是否维持已被适用的保安处分作出决定。

II. 刑法的地域效力

第5条 在希腊领域内实施的犯罪

1. 在希腊领域内所实施的犯罪行为，都应当适用希腊刑法，即使是由外国人实施的也不例外。

2. 希腊船舶和航空器视为希腊的领土，但根据国际法应当适用外国法律的情况除外。

第6条 希腊人在国外实施的犯罪

1. 希腊公民在国外实施的属于重罪或者轻罪的行为，如果根据实施地国的法律也应当追究刑事责任或者实施于不属于任何国家领域的地域的，适用希腊刑法。

2. 对在实施行为时为希腊公民但此后已经成为外国人的行为人，应当提起追诉。对实施行为时是外国人但此后获得希腊国籍的行为人，也应当提起追诉。

3. 对于轻罪，只有被害人提出告诉或者犯罪实施地国提出请求时，才能执行第1款和第2款的规定。

4. 对实施于国外的违警行为，只有在法律有明确规定时才能追究刑事责任。

第7条 外国人在国外实施的犯罪

1. 外国人在国外针对希腊公民实施的属于重罪或者轻罪的行为，如果根据实施地国的法律也应当追究刑事责任或者实施于不属于任何国家领域的地域的，适用希腊刑法。

2. 前条第3款和第4款的规定，也适用于本条。

第 8 条 总是可以适用希腊法律追究刑事责任的国外犯罪

希腊人或者外国人在国外实施下列行为的，无论实施地国的法律对之如何规定，都可以适用希腊刑法：

a）重大叛国罪、危害希腊国家安全的叛国罪和恐怖主义活动罪（第 187 条 A）；①

b）有关兵役和征兵条件的犯罪（分则第八章）；

c）以希腊公务员身份所实施的犯罪；

d）针对正在履行职务的希腊公务员实施的行为或者因为其所履行的公务而对其实施的行为；

e）在希腊官方所进行的程序中实施的伪证罪；

f）海盗罪；

g）妨害货币罪（分则第九章）；

h）贩卖奴隶罪、贩卖人口罪、贩运人口从事卖淫罪、与未成年人实施有偿的淫荡行为罪、组织让参与者对未成年人实施性交或者其他淫荡行为的旅游罪；②

i）非法贩卖毒品罪；

j）非法贩运和交易淫秽出版物罪；

k）根据特别立法或者希腊签署并批准的国际公约规定适用希腊刑法的任何其他犯罪。③

第 9 条 国外犯罪的免除处罚

1. 在下列情形下，对实施于国外的行为不再提起刑事追诉：

a）如果行为人已经在行为地国受到审判并且被宣告无罪，或者被认定有罪但已经服刑完毕的；

① 第 3251/2004 号法案修正。

② 第 3625/2007 号法案修正。

③ 第 3064/2002 号法案修正。

b）如果根据该外国法律已过追诉时效或者所被判处的刑罚已过行刑时效或者被赦免的；

c）对该外国法律规定依告诉才提起追诉的犯罪行为，如果未提出告诉或者撤回告诉的。

2. 本条的规定不适用于第 8 条规定的行为。

第 10 条　国外所受刑罚的扣减

在国外所被判处的刑罚已经被全部或者部分执行的人，如果随后因为同一行为在希腊而被判决有罪的，应当从希腊法院所判处的刑罚中予以扣减。

第 11 条　外国刑事判决的承认

1. 如果在国外被认定有罪的希腊人所实施的行为根据本国法律可以适用从刑的，有管辖权的地方法院可以适用这些从刑。

2. 对在国外被认定有罪或者宣告无罪的人，有管辖权的地方法院也可以适用希腊法律所规定的保安处分。

III. 本法典和特别刑法的关系与术语解释

第 12 条　特别刑法

如果法律没有明确地作出例外规定的，本刑法典总则的规定适用于特别法所规定的犯罪。

第 13 条　本法典术语的定义

本法典中的下列术语，是在下列意义上使用的：

a）公务员，是指依法负责履行国家、大区、省或者其他公法人之公共事务（即使临时履行也不例外）的人员。

b）关系密切人，是指直系血亲和直系姻亲、养父母和养子女、配偶、已订婚夫妻、兄弟姐妹、兄弟姐妹的配偶或者已订婚夫妻、行为人的监护人或者保佐人、受行为人监护或者保佐的人。

c）文书，是指所表示的内容意图证明或者能够证明法律上的重要事项的任何记录。通过电脑或者电脑外部存储器以电子、磁性或者其他的任何手段对不能被直接阅读的内容予以记录、存储、制作、复制的任何设备，以及单独或者混合地记载有任何信息、图像、符号、声音的其他电子的或者磁性的物体，只要这些设备或者物体所表示的内容意图证明或者能够证明法律上的重要事项，均视为文书。

d）身体暴力，是指使用毒品、催眠药物或者其他类似手段使他人陷入失去知觉或者不能反抗的状态。

e）军队，是指陆军、海军和空军。

f）职业犯，是指为了获取非法收益，已经反复地实施行为或者依据其制订的计划来看具有继续地反复实施行为的意图的罪犯。惯犯，是指行为的反复实施表明其所具有的顽固倾向已经成为犯罪人格组成部分的犯罪人。①

g）特别的危险性，是指根据行为人所实施的行为的严重程度、方式、情节、犯罪原因及其人格，证明行为人所具有的反社会性和在将来实施新的犯罪的顽固倾向。②

---

① 第2408/1996号法案新增。

② 第2479/1997号法案新增。

第二章 犯 罪

I. 一般规定

第 14 条 犯罪概念

1. 犯罪是依法可以追究刑事责任的、违法的、可以归责于行为人的行为。

2. 刑法所指的“行为”概念包含不作为。

第 15 条 不作为犯罪

对法律将发生特定结果规定为构成要件的犯罪，如果行为人负有阻止该结果发生的具体的法律义务，在要求其作为之时不履行该义务的，应当对其不阻止行为追究刑事责任。

第 16 条 行为地

行为地，是指行为人实施全部或者部分的犯罪作为或者不作为之地，或者结果发生之地，在未遂的情况下，包括行为人意图导致结果之地。

第 17 条 行为时①

行为时，是指行为人作为或者应当作为之时。除非另有不同规定，否则行为时与其结果发生的时间无关。

第 18 条 犯罪类型

可以判处惩役的行为，是重罪。

可以判处监禁、罚金或者禁闭于青少年专门羁押机构的行为，是轻罪。②

① 第 2331/1995 号法案补充。

② 第 3189/2003 号法案修正。

可以判处拘留或者科料的行为，是违警罪。

第 19 条 审理中的行为之犯罪类型的确定

对审理之中的行为，应当以对该行为的法定最高刑为依据确定其属于重罪或者轻罪，而不应当以法官基于第 84 条规定的减轻处罚情节或者第 83 条规定的减轻刑罚的其他事由所适用的较轻的刑罚为依据进行判断。

II. 行为的违法性

第 20 条 阻却行为违法性的事由

除了刑法典规定的情况（第 21 条、第 22 条、第 25 条、第 304 条第 4 款和第 5 款、第 308 条第 2 款、第 367 条、第 371 条第 4 款）外，如果属于行使权利或者履行依法赋予的义务的，阻却该行为的违法性。

第 21 条 上级命令

执行有权机关依据法定程序向其下达的命令而实施的行为，如果法律不允许命令接受人对命令的合法与否予以考虑的，阻却其违法性。在这种情况下，将下达命令的人作为实行人追究刑事责任。

第 22 条 正当防卫

1. 防卫时实施的行为，阻却违法性。

2. 防卫，是指为了保护自己或者他人免受所正在发生的不法侵害，而对侵害人施加的必要的反击。

3. 防卫的必要限度，应当根据反击的危险程度、被威胁之损害的性质、侵害的方式和强度以及其他情节进行判断。

第23条　防卫过当

如果过当是故意导致的，对防卫过当人按照第83条规定的减轻的刑罚处罚；如果过当是过失导致的，根据相关的条款处罚。如果在侵害所造成的恐慌或者激情作用下实施造成过当的行为并且不能归责于防卫人的，不予以刑事处罚。

第24条　应当归责的防卫行为

故意地挑起他人实施侵害，然后以正当防卫为借口实施犯罪的，不能免除法律对其所规定的刑罚。

第25条　阻却违法的紧急避险

1. 为了使本人或者他人的人身或者财产免受正在发生的非因本人过错所导致的危险，在别无他法的情况下所实施的行为，如果对他人所造成的损害在性质和数量上明显地轻于受威胁的损害的，阻却违法性。

2. 对有义务面对所涉及之危险的人，不能适用前述规定。

3. 第23条的规定类比地适用于本条。

III. 行为的归责

第26条　责任

1. 重罪和轻罪，只有是故意实施时才能够追究刑事责任。在法律有具体规定的特殊情况下，可以对过失实施的轻罪追究刑事责任。

2. 除非法律明确要求是故意，违警罪通常是在过失实施的情况下被追究刑事责任。

第27条　故意

1. 故意，是指希望出现某一犯罪构成要件的法定事实，或者明知其行为可能出现这些事实并且容认其出现的。

2. 在法律要求所实施的行为必须对特定事实存在明知时，不可能成立容认故意。在法律要求所实施的行为必须具有造成特定结果的目的时，要求行为人已经在力图导致该结果。

第 28 条 过失

过失，是指在当时的情况下本来能够预见到其行为所导致的犯罪结果却没有认识到，或者虽然已经预见却认为其大概不会发生。

第 29 条 对加重结果的责任

在法律将发生特定的结果作为对某一行为处以更重的刑罚的条件时，只有当该结果能够被归责于该行为人的过错时，才能适用这一刑罚。

第 30 条 事实错误

1. 如果在实施行为时对构成要件事实没有认识的，不能将该行为归责于行为人。但是，如果对这些事实没有认识可以归责于实施该行为人的过失的，作为过失犯罪追究刑事责任。

2. 如果对加重其行为的刑事责任的事实没有认识的，也不能归责于行为人。

第 31 条 法律错误

1. 仅仅是没有认识到犯罪性，不足以阻却责任。

2. 如果行为人错误地以为他有权利实施该行为并且该认识错误是可以宽恕的，该行为不能归责于行为人。

第 32 条 阻却责任的紧急避险

1. 为了使本人或者其尊亲属、卑亲属、兄弟姐妹、配偶的人身或者财产免受正在发生的非因本人过错所导致的危险，在别无他法的情况下所实施的行为，如果对他人所造成的损害在性质和数量上相当于受威胁的损害的，不归责于行为人。

2. 第25条第2款和第3款的规定也适用于本条。

第33条　聋哑人

1. 如果聋哑人不具有认识其行为的违法性质或者根据对行为违法性质的认识而行为之必需的精神能力的，不可归责。

2. 对不符合前款所指的适用条件的聋哑人，按照第83条规定的减轻的刑罚处罚。

第34条　精神病或者意识障碍

如果行为人在实施行为之时因为精神病或者意识障碍，而不具有认识其行为的违法性质或者根据对行为违法性质的认识而行为之能力的，其所实施的行为不能归责于行为人。

第35条　应当归责的意识障碍

1. 存在意识障碍的人在正常的精神状态下决意实施犯罪，为了实施该犯罪行为使自己陷入意识障碍状态的，应当按照故意犯罪归责。

2. 如果行为人在该状态下所实施的行为不是其此前所决意实施的行为的，对该行为人按照第83条规定的减轻的刑罚处罚。

3. 如果行为人在对可能实施的行为已经预见或者本来可以预见时，导致该意识障碍状态的，可以对其所实施的行为按照过失犯罪归责。

IV. 应当归责的减轻责任能力的罪犯

第36条　应当归责的减轻责任能力人

1. 对因为第34条规定的精神状况责任能力没有完全丧失但被重大减弱的人，如果应当被归责的，按照第83条规定的减轻的刑罚处罚。

2. 前款的规定不适用于应当归责的醉态。

第 37 条 在专门的机构中服刑

如果应当归责的第 36 条规定的减轻责任能力人的状况需要特别的治疗或者照料时，对所被判处的剥夺自由刑应当在专门的或者监狱附属的精神病治疗机构中执行。

第 38 条 应当归责的减轻责任能力的危险罪犯

1. 对第 36 条所指的应当归责的精神病人和第 33 条第 2 款规定的聋哑人，如果对公共安全存在危险并且实施了重罪行为或者法定刑超过 6 个月剥夺自由刑的轻罪行为的，法院应当判处将其禁闭于第 37 条所指的专门的或者监狱附属的精神病治疗机构。

2. 法院的判决只确定禁闭的最低期间，但不能少于第 36 条第 1 款所指刑罚的上限，最高不能超过所实施之行为的法定最高刑。

3. 对第 40 条规定的对禁闭易科惩役或者监禁的案件，法院在同一判决中对所实施的行为在法定刑幅度内量定刑罚，但可以根据第 36 条的规定减轻处罚。但是，所量定的刑罚无论如何不得低于该行为法定最高刑的 1/2。如果法定刑为终身惩役的，其刑罚量定为有期惩役 20 年。

第 39 条 禁闭于精神病治疗机构的期间

1. 在第 38 条第 2 款规定的判决确定的最低期间届满后，法院每 2 年或者根据罪犯自己的申请对是否能够将其释放进行审查。在征询专家意见后，由执行该刑罚的机构所在地的地方法院作出决定。

2. 该释放都是附条件的，可以根据第 107 条规定的条件予以撤销；如果在 5 年内未被撤销的，根据第 109 条的规定予以消灭。

3. 在判决确定的最低期间届满后，对轻罪可以持续进行到超过10年，对重罪可以持续进行到超过15年。

第40条　禁闭易科惩役或者监禁

在认为罪犯没有必要再停留于专门的或者监狱附属的精神病治疗机构中的任何时候，前条所指的法院基于检察官的请求，在征求专家意见后，可以决定按照第38条第3款的规定替代以监禁或者惩役。在此种情况下，其禁闭于专门的或者监狱附属的精神病治疗机构中的期间应当从所适用的监禁的刑期中扣除。

第41条　构成惯犯的减轻责任能力之罪犯

1. 如果根据第38条的规定被判处禁闭于精神病治疗机构的罪犯构成第90条和第91条规定的惯犯和职业犯的，对其适用的第89条所规定的刑罚的最低期间不能依据第36条第1款的规定予以减轻，其刑罚的最高期间依据第91条的规定确定。如果所实施之行为的法定刑为终身惩役的，对其适用终身惩役。

2. 对这些人所判处的禁闭，法院可以在任何时候依据第40条的规定将其易科为第90条和第92条规定的不定期惩役。

第三章　未遂与共犯

I. 未遂

第42条　未遂的定义和处罚

1. 决意实行重罪或者轻罪的人在着手实行以后，如果未能完成该重罪或者轻罪的，按照第83条规定的减轻的刑罚追究刑事责任。

2. 如果法院认为前款所指的减轻的刑罚不足以预防犯罪人

再实施其他犯罪行为的，可以对之适用与该犯罪的既遂相同的法定刑。

3. 对于法定刑不超过3个月监禁的犯罪的未遂，法院可以决定不予追究刑事责任。

第43条 不能之未遂

1. 力图实施重罪或者轻罪，但由于所使用的工具或者行为对象的性质使得这些犯罪不可能被实施的，根据第83条规定的被减轻的刑罚追究刑事责任。

2. 因为愚昧无知而实施这种不能之未遂的，不追究刑事责任。

第44条 中止

1. 行为人着手实施重罪或者轻罪以后，基于其本人的意志而非客观障碍而未完成实行的，属于不应当追究刑事责任的未遂。

2. 行为人在实行终了之后，基于其本人的意志阻止可能发生的作为该重罪或者轻罪构成要件的结果之发生的，在第83条规定的刑罚基础上减轻1/2追究刑事责任。但是，法院可以在考虑所有情节的基础上自由裁量地宣告为不应当追究刑事责任的未遂。

II. 共犯

第45条 共同正犯

两个或者两个以上的人共同实施犯罪的，每个人均作为该行为的正犯追究刑事责任。

第 46 条　教唆犯和直接帮助犯

1. 下列人员也应当处以正犯的刑罚：

a）故意地让他人决意实行已经被实施的不法行为的人；

b）故意地向实行人在实行其主要行为的过程中提供直接帮助的人。

2. 故意地让他人决意实行已经被实施的不法行为的人，在该他人力图实行犯罪或者力图实施可追究刑事责任的预备行为之时，基于本人的意思和意志阻止该犯罪达到既遂的，按照正犯的刑罚减轻 1/2 处罚。

第 47 条　普通帮助犯

1. 在不法行为实施之前或者实施之时故意地提供任何其他帮助，不属于前条第 1 款 b 项规定的情形的，作为从犯按照第 83 条规定的减轻的刑罚予以处罚。

2. 第 42 条第 2 款的规定也相应地适用于本条。

3. 对违警罪实施的此种帮助行为，只有在法律有规定的情况下才能够追究刑事责任。

第 48 条　一般规定

第 46 条和第 47 条规定的犯罪，不受实行行为人是否构成犯罪的影响。

第 49 条　特殊的身份和关系

1. 对以特殊的身份或者关系为法定构成要件的犯罪，如果只有实行者具有该身份或者关系的，对第 46 条第 1 款规定的关联人，按照第 83 条所规定的减轻的刑罚予以处罚；如果只有第 46 条第 1 款和第 47 条规定的关联人具有该身份或者关系的，将其作为正犯追究刑事责任，将实行者作为从犯追究刑事责任。

2. 加重、减轻或者免除刑罚的个人的身份、关系或者其他情节，效力只能及于具有该情节的共同犯罪人。

第四章 刑罚、保安处分与赔偿

I. 主刑

第50条 死刑（废止）[①]

第51条 自由刑

1. 自由刑包括惩役、监禁、禁闭于青少年专门羁押机构、禁闭于精神病治疗机构和拘役。[②]

2. 对于有期自由刑而言，1日计算为24小时；1周计算为7日；月和年根据所对应的历法确定。

3. 刑罚的期间应当确定为日、周、月、年的整数。

第52条 惩役

1. 惩役包括终身惩役和有期惩役，在专门的行刑机构或者该机构的专门部分中执行。

2. 在法律未明确规定为终身惩役时，“惩役”一词都是指有期惩役。

3. 有期惩役的期间不得超过20年并不得少于5年，但对不定期惩役适用第91条的有关规定。

第53条 监禁

监禁的期间不低于10日并不超过5年。

---

① 第2207/1994号法案废止。

② 第3189/2003号法案修正。

第 54 条　禁闭于青少年专门羁押机构[①]

如果所实施的行为的法定刑为 10 年以上自由刑的，禁闭于青少年专门羁押机构的期间不超过 20 年并不少于 5 年。在其他情况下，禁闭于青少年专门羁押机构的期间不少于 6 个月并不超过 10 年。

第 55 条　拘役

拘役的期间不超过 1 个月并不少于 1 日，但法律在特别立法中另有不同规定的除外。拘役在监狱的独立部分或者在警察局的拘留所中执行。

第 56 条　刑罚和保安处分的执行[②]

第 38 条、第 51 条至第 55 条规定的刑罚和第 69 条至第 72 条规定的保安处分的执行方式，应当在专门的法律中予以规定。对因为对国家或者公共实体所负的债务而被判处监禁并且年满 75 周岁的罪犯，可以在通知作出有罪判决的法院的检察署之后，让其在家中执行刑罚或者剩余刑罚。这类案件中的罪犯应当每一个月向所在地的警察局报到一次。如果其不履行该义务的，应当按照通常的规定继续执行其判决。

第 57 条　金钱刑

除非法律在分则中另有不同的规定，罚金不少于 150 欧元并不超过 15000 欧元，科料不少于 29 欧元并不超过 590 欧元。[③]

第 58 条　金钱刑的消灭

犯罪人死亡的，罚金和科料予以消灭。在任何情况下都不能

---

① 第 3189/2003 号法案修正。

② 第 2915/2001 号法案修正。

③ 根据第 2842/2000 号法案第 2 条和第 2943/2001 号法案第 3 条至第 5 条的规定，本条所指的数额的原希腊货币单位德拉克马（Drachma）被欧元（Euro）替代。

针对其继承人执行。

II. 从刑

第 59 条 自动剥夺政治权利

1. 终身惩役的判决，意味着同时对被判刑人剥夺政治权利终身。

2. 第 90 条规定的不定期惩役的判决，意味着同时对被判刑人剥夺政治权利 10 年。

第 60 条 对有期惩役判决的剥夺政治权利

有期惩役判决，同时剥夺政治权利 2 至 10 年。

第 61 条 对监禁判决的剥夺政治权利

在法律没有明确的例外规定的情况下，如果被判处监禁的行为人具备下列条件的，同时剥夺政治权利 1 至 5 年：

a）刑期不少于 1 年；并且

b）所实施的行为的动机、类型、方式及所有其他情节表明行为人具有品行堕落之人格。

第 62 条 对禁闭于精神病治疗机构判决的剥夺政治权利

对因为实施重罪行为而被判处第 38 条规定的禁闭于精神病治疗机构的罪犯，适用第 60 条的规定；对因为实施轻罪行为而被判处第 38 条规定的禁闭于精神病治疗机构的罪犯，适用第 61 条和第 64 条的规定。

第 63 条 剥夺政治权利的后果

剥夺政治权利意味着该被认定有罪的人：

1）永久地失去已经被选任大区或者省的公共官职、正拥有的大区或者省的公共职位、军衔、律师、荣誉职位或者勋章。

2）在第59条第1款规定的情况下，永久地不能获取上述资格；在第59条第2款、第60条、第61条和第62条规定的情况下，在法律或者判决规定的期间内不能获取上述资格。

3）对前两项所指的情况可以自由裁量地决定剥夺下列权利：

a）在大区或者省的政治选举中的选举权和被选举权；

b）担任法院陪审团成员或者公共机关指定专家的权利。

第64条　对监禁判决剥夺部分政治权利

在具备第61条所规定条件的监禁判决中，如果根据行为的类型和其他情节认为可以排除其滥用所保留的权利的可能性的，法院可以适用部分地剥夺第63条规定的权利。

第65条　剥夺政治权利期间的计算

1. 全部或者部分剥夺政治权利，从判决最终确定之时起开始生效。在附加于剥夺自由刑适用时，从剥夺自由执行完毕、已过行刑时效或者被赦免之日起计算。

2. 第105条第1款和第2款所规定的情况下，期间自其从监狱被假释的次日起计算。在第71条和第72条规定的情况下，从被判刑人从相应机构被释放之日起计算。

第66条　复权

1. 依据第59条至第65条的规定被剥夺政治权利的人，可以向法院申请对其恢复这些权利。对所被判处的惩役被易科剥夺自由刑的罪犯，从该刑罚执行完毕、行刑时效期间届满或者被赦免之日起5年后可以给予其复权；对被判处监禁的罪犯，从该刑罚执行完毕、行刑时效期间届满或者被赦免之日起3年后可以给予其复权；对第71条和第72条规定的情况，从保安处分执行完毕或者时效届满之日起3年后可以给予其复权。为了获得被复权的资格，该申请人必须保证其在该期间内以诚实的方式生活并且在能够履行的情况下履行法院所确定的由犯罪所导致的义务。如果罪犯在刑罚执行完毕、被假释或者行刑时效期间届满后根据第11条第1款的规定被适用剥夺政治权利的，在剥夺政治权利的判决最终确定之日起3年后可以被复权。

2. 被判处禁闭于精神病治疗机构的人，如果所实施的行为是重罪的，可以在5年之后被给予第1款所规定的复权；如果所实施的行为是轻罪的，可以在3年之后被给予第1款所规定的复权。

3. 如果复权申请被拒绝的，只能在2年之后再次提出申请。

4. 给予复权的程序适用刑事诉讼法的规定。

第67条 剥夺资格

1. 如果行为人严重地违反其所从事的需要有权机关给予特别授权的职业之义务实施重罪或者轻罪，并且被判处的刑罚不轻于3个月监禁的，法院可以同时剥夺其从事该职业的资格1至5年。剥夺资格也包括永久地剥夺所被授予的职业的资格。

2. 第65条的规定也适用于本条规定的案件。

第68条 公布有罪判决

1. 如果基于公共利益的需要，法院可以决定公布有罪判决。

2. 在法律有规定的情况下，法院可以基于被害人的请求作出公布有罪判决的决定；在认为申请人具有正当权益的情况下，法院也可以基于被宣告无罪人的请求作出公布该无罪判决的决定。

3. 在同一决定中，应当确定公布判决的方式和公布费用的支付义务。

III. 保安处分

第 69 条　对精神病人的收容

第 34 条规定的精神功能错乱的精神病人或者第 33 条第 1 款规定的聋哑人，对其所实施的法定刑超过 6 个月监禁的重罪或者轻罪被免予执行刑罚或者被免予追诉的，如果认为其对公共安全存在危险的，法院应当决定将其收容于公共的治疗机构。

第 70 条　收容的期间

1. 收容决定的执行受检察机关的监督。

2. 收容可以持续到维护公共安全所需要的期间。

3. 收容执行地的有权管辖的地方法院每 3 年对是否继续收容作出决定。法院也可以应检察官或者收容机构负责人的请求，在任何时候作出将行为人从该收容机构释放的决定。

第 71 条　将酗酒者和有毒瘾者移送治疗机构

1. 下列被认定有罪的人：

a）实施了重罪或者法定刑重于 6 个月监禁的轻罪并且可以归因于究竟或者毒品的滥用的；或者

b）实施了第 193 条规定的可归责地陷入醉态罪的，

如果其滥用酒精或者其他毒品超过 6 次的，法院可以决定将其移送专门的治疗机构。

2. 移送治疗机构在服刑完毕之后紧接着实施，其期间可达为此目的所必要时止，但无论如何不得超过 2 年。根据该治疗机构负责人的建议，所在地的有权管辖的地方法院可以在 2 年届满之前决定将其释放。

第 72 条 交付劳动机构

1. 行为人因为其所实施的行为被认定有罪并且被判处监禁，如果其行为可以归因于懒惰或者混乱无序的生活倾向的，在法律有规定的情况下，法院可以在对其适用刑罚的同时决定适用交付矫正劳动机构。

2. 交付劳动机构在服刑完毕之时紧接着执行。交付劳动机构的期间不能少于 1 年也不能超过 5 年。

3. 在执行达到上述最低期间之后，根据劳动机构负责人或者检察官的请求，劳动机构所在地的地方法院每隔 1 年对是否应当将其释放作出决定。

4. 如果被认定有罪的上述行为人是累犯的，应当将其交付劳动机构。

第 73 条 禁止在特定地区居留

1. 如果法院考虑行为人所实施的被判决有罪的行为的类型、人格和其他情节认为其居住于特定地区会导致公共秩序具体的危险，并且被判处的刑罚是惩役或者不少于 1 年的监禁的，在法律有明确规定的情况下，法院可以决定由第 2 款规定的警察机关禁止其居留于特定地区，期间最长不得超过 5 年，从被判处的刑罚执行完毕或者被赦免之日起计算。

2. 以法院的这一判决为依据，在征求对其执行刑罚的监狱的意见后，警察机关有权力禁止该行为人在判决确定的期间内居留于判决所确定的所有地区，或者禁止该行为人在判决确定的期间内居留于判决所确定地区中的部分地区。

3. 如果行为人两次被判决有罪并且后一次是因为实施盗窃罪、诈骗罪、伪造文书罪、敲诈罪、儿童色情物品罪、淫媒罪、贩运人口从事卖淫罪、与未成年人实施有偿的淫荡行为罪、对卖淫进行剥削罪、违反有关毒品的管理规定的犯罪、走私罪、违反有关保护国家货币和文物规定的犯罪而被判决有罪的，以及在本条第1款规定的情况下，法院可以要求行为人必须在服刑完毕或者因为其他原因被释放之后10日内向其居住地的警察机关报到，并且在3年以内根据同样的规则报告其住所地的变化情况。第182条的规定也适用于此类案件。①

第74条　驱逐外国人出境

1. 在不违反希腊所批准的国际公约的相关规定的情况下，法院可以决定对被判处惩役或者监禁的外国人驱逐出境。如果该外国人在实施行为时未成年的，法定机构在决定是否予以驱逐出境时应当考虑其家庭居住于希腊还是国外，以及进入驱逐目的地国其生命、身体完整、人身自由、性自由是否会面临严重危险。②

如果该外国人是合法居留于本国的，除非其被判处的刑罚不轻于3个月监禁，否则不能被判处驱逐出境。驱逐出境在服刑完毕或者从监狱假释后立即执行。在法院将驱逐出境作为附加刑判处时，适用相同的规定。③

2. 对被适用第69条、第71条和第72条规定的保安处分的外国人，法院也可以决定予以驱逐出境。在这种情况下，可以用驱逐出境替代这些保安处分。

3. 被驱逐出境的外国人在被驱逐3年之后可以根据希腊司法部的决定返回希腊，但在有的情况下这一期间可以被延长。④

如果该外国人与希腊公民结婚的，只要该婚姻关系处于持续

---

① 第3064/2002号法案对本条第3款中进行补充。

② 第2408/1996号法案修正；第3090/2002号法案补充。

③ 第2408/1996号法案修正。

④ 第2331/1995号法案修正。

期间并且是返回希腊的家中的，司法部可以不受前段规定期间的限制。①

应当在征求下述三人委员会的意见后，作出上述决定。该三人委员会一人为国家法律委员会的局长或者副局长，由国家法律委员会主席提名；一人为希腊警察总局移民局的高级官员，由公共秩序部部长提名；还有一人为司法部主管局的局长。司法部主管局履行秘书人员职责。该委员会的主席、成员及秘书任期为3年，以司法部决定的形式具体确定其人员组成。②

4. 在被驱逐出境之前，该外国人仍然羁押于专门的羁押机构或者治疗机构中。③

第75条 保安处分的时效

1. 作出适用第69条、第71条、第72条和第74条的保安处分的最终判决后，如果3年之内未开始执行保安处分的，该保安处分不能再被执行，除非法院另行作出执行该保安处分的决定。

2. 前款所指的时效期间届满之后的保安处分，法院只能在基于该保安处分的目的来看仍然需要执行的情况下，才能作出予以执行的决定。

3. 被适用保安处分的人正在被执行剥夺自由刑或者另一含有剥夺自由内容的保安处分的时间，不能计入前述3年期间内。

第76条 没收

1. 重罪或者故意的轻罪所得的物品、这些物品的价值、利用这些物品或其价值所获取的收益，以及已经用于或者打算用于实施应当追究刑事责任的行为的物品，如果归正犯或者任何共犯

---

① 第2521/1997号法案新增。

② 第3090/2002号法案新增。

③ 第2721/1999号法案新增。

所有的，应当予以没收。对其他犯罪，只有在法律有明确规定时才能适用没收处分。

2. 对公共秩序存在危险性的物品，即使没有人因持有该物品被判决有罪，也必须对其持有人实施没收。如果在被起诉适用没收的行为人去世之前对其适用没收的判决已经最终确定的，在其去世后对其继承人执行没收。如果此前没有人因此被认定为有罪或者未被起诉适用没收的，基于检察官的请求，审判该案件的法院或者有管辖权的地方法院作出没收规定。

3. 在适用没收的所有案件中，法院应当对是否销毁被没收对象作出决定。

IV. 赔偿

第 77 条　优先偿付

如果罪犯同时被判处罚金或者科料和赔偿被害人损失，但其财产不足以同时履行两种义务的，优先偿付赔偿损失。

第 78 条　支付义务

在同一犯罪中被认定有罪的正犯和共犯，对支付赔偿承担连带责任。

第五章　刑罚的裁量

I. 一般规定

第 79 条　刑罚的司法裁量

1. 在法律规定的限度内量刑时，法院应当考虑：

a）所实施的犯罪的严重程度；以及

b）行为人的人格。

2. 法院在评价犯罪的严重程度时，应当考虑：

a）犯罪所造成的损害或者所导致的危险；

b）犯罪的性质、类型、对象，以及犯罪的预备或实行中所伴随的时间、地点、工作、方式等情节；

c）行为人的故意的强度或者过失的程度。

3. 在评价行为人的人格时，法院尤其应当注意衡量在行为实施过程中所表现出来的行为人的犯罪意向的程度。为了准确地认定，应当考察下列情节：

a）导致其实施犯罪的原因、行为的动机和所追求的目的；

b）体质和发育程度；

c）个人境况、社会环境和以往表现；

d）行为中的行为表现和行为后的行为表现，尤其是显示其悔悟和纠正行为后果的意愿的行为表现。

基于民族仇恨、种族仇恨、宗教仇恨或者被害人不同的性取向而实施犯罪行为的，是加重处罚情节。①

4. 在判决中，应当明确陈述法院所适用刑罚的理由。

第80条　金钱刑的裁量

1. 在量定罚金或者科料时，既应当考虑犯罪人也要考虑对其存在依赖关系的家庭成员的经济状况。

2. 在法定刑为选科剥夺自由刑或者罚金（科料）的情况下，如果认为只适用其中一种刑罚不足以预防其实施其他犯罪的，法院可以并科该两类刑罚。

---

① 第3719/2008号法案新增。

第 81 条　贪利型犯罪

1．在犯罪是出于牟利动机而实施时，即使未对所实施的该犯罪规定有金钱刑，法院也可以在适用剥夺自由刑的同时并处罚金或者科料。

2．对于法律规定单处罚金或者科料的犯罪，如果存在第 1 款规定的动机的，法院可以将对该犯罪所规定的刑罚的上限加重至 3 倍而适用刑罚。

第 82 条　剥夺自由刑的易科

1．不超过 1 年的剥夺自由刑，易科为罚金或者科料。①

2．超过 1 年但不超过 2 年的剥夺自由刑，易科为罚金，但行为人是累犯并且法院出于预防其实施其他犯罪的目的而有合理根据地决定拒绝对其予以易科的除外。②

对超过 2 年的剥夺自由刑，在被判刑人无论以任何方式服刑达 1/2 刑期并且剩余刑期不超过 2 年时，基于被判刑人的申请，可以由羁押地的地方法院的 3 名刑事法庭法官决定予以易科罚金，但依据该罪犯在服刑期间的总体表现有具体根据地认为罚金不足以预防其实施其他犯罪的除外。罪犯可以对该决定提出上诉。本条第 5 款的规定也相应地适用于此种情况。③

对超过 2 年但不超过 3 年的剥夺自由刑，如果法院认为易科足以预防行为人再实施其他犯罪的，作出说明具体理由的判决予以易科罚金。④

3．应当考虑被判刑人的经济条件，在判决中有具体根据地

① 第 2408/1996 号法案修正。

② 第 2408/1996 号法案修正。

③ 第 2145/1993 号法案新增；第 2207/1994 号法案修正。

④ 第 2721/1999 号法案修正。

确定易科金钱刑的数额。1 日监禁易科为 4 欧元 40 欧分至 59 欧元；1 日拘役易科为 2 欧元 10 欧分至 15 欧元。如果该被判刑人因为经济状况不能支付易科金钱刑的下限数额并且所犯之罪不是贪利型犯罪的，作出说明具体理由的判决，将易科的金钱刑数额减少至不超过下限数额的 1/3。

4. 司法部和财政部可以联合决定的形式，对第 3 款规定的剥夺自由刑易科金钱刑的数额作出修改。

5. 如果剥夺自由刑被易科金钱刑的，原刑罚一直执行到易科后金钱刑的全部数额被缴纳完之时为止。但是，地方法院的检察官可以基于被判刑人的申请签发命令允许其在被作出有罪判决之后 2 年内一次或者分期支付易科后的金额。在被判刑人具有下列条件时，可以作出这一处理：

a）存在明显且确实的经济状况恶化；

b）基于其教育程度、职业和人格要素总体来看，很可能履行该支付义务；以及

c）此前曾经申请将其刑罚易科为提供社区服务，但法院认为由于其意志以外的原因其无法提供社区服务的。对此种情况，同样适用缓刑的有关规定并且可以对之适用明显必要并与金钱刑数额、被判刑人的职业和人格相称的限制条件。如果被判刑人不在规定期间内支付被易科的金钱刑金额或者不遵守所被适用的限制条件的，按照类似缓刑撤销的规定撤销该命令，并且决定执行其刑罚。如果该罪犯的经济状况恶化由于不可归责的原因扩大，导致其不能在规定的最后期限前支付被易科的全部金额或者某一分期支付金额的，检察官可以在该期限届满之前基于该罪犯的请求，命令将其延长不超过 6 个月的期间，但这种延长只能适用一次。发布本款所指命令的检察官应当将其命令通知服刑地的检察

署。对这些命令，可以向上诉法院的检察署申请复议。①

6. 对超过 1 个月的剥夺自由刑和被易科之罚金或者科料，如果该被判刑人提出请求或者在被认为适合易科提供社区服务时表示接受的，应当将其易科为提供社区服务。超过 2 年但不超过 3 年的剥夺自由刑，如果该被判刑人提出请求或者在被认为适合易科提供社区服务时表示接受的，可以将其易科为提供社区服务。②

除了被判处终身惩役或者不少于 10 年的有期惩役的人或者是因为侵犯性自由罪和针对未成年人实施的对卖淫进行剥削罪而被判刑的人外，对其他剥夺自由刑，如果行为人是某一未满 15 周岁的未成年人的母亲，并且提出请求或者在被认为适合易科提供社区服务时表示接受的，可以将其易科为提供社区服务。③

7. 如果法院决定按照前款的规定将监禁易科为提供社区服务的，应当在判决中确定每日监禁易科社区服务的小时数。每日监禁易科为提供 4 小时社区服务，但法院可以考虑被判刑人的个人情况减轻至每日监禁易科提供 2 小时社区服务或者增加至每日监禁易科提供 6 小时社区服务。一旦接受提供社区服务的部门、机构或者个人就该判决可以执行以及提供社区服务期间发出指示，应当建议立即开始执行该判决。提供社区服务期间，应当在判决可以被执行之日的次日至不超过所被适用的刑罚之期间长度 3 倍之日的范围内确定。

8. 社区服务，是指在国家机构、地方政府、公法人、慈善性非营利私法实体或者本款最后一段所指的部门规章所规定的其

① 第 2408/1996 号法案新增。

② 第 2408/1996 号法案修正。

③ 第 3772/2009 号法案新增。

他实体中提供无偿的服务。如果被害人变成残疾并且被判刑人和被害人之间就此达成一致的，提供社会服务可以包含向被害人提供服务。除非法院作出了不同的规定，否则社区服务应当在社会援助管理人的监督下进行。

在社会援助管理机构的官员接手监督之前，或者如果社区服务提供地没有足够的此种官员或者该种社区服务不需要此种官员监督的，可以委托社区服务地的政府机构、社会机构或者这些机构的官员在社区服务地的检察官的指导下对被判刑人提供社区服务进行监督。①

由司法部和其他主管部门对受托监督社区服务的机构、这些机构的遴选程序和资格授予、对社区服务的监督和其他重要细节作出规定。

9. 如果被决定提供社区服务的罪犯所提供的服务未完成或者属于劣质的，应当停止将刑罚易科为提供社区服务。②

在这种情况下，基于罪犯的请求，作出判决的法院可以将其转换为金钱刑。

只要该罪犯所提供的服务出现上述违反规定的情况，社会援助管理人必须以书面的形式报告有调查权的检察官。

如果负责聆讯检察官证实该罪犯有过错地导致提供所提供的服务未完成或者属于劣质的，决定执行剥夺自由刑、罚金或者科料。③

对检察官的决定，罪犯可以在其开始执行时起 10 日内向执行地的检察署秘书处或者监狱长请求予以司法裁决，在向监狱长

① 第 2408/1996 号法案新增。
② 第 2408/1996 号法案修正。
③ 第 2408/1996 号法案修正。

提出请求时，监狱长应当立即移交该检察署。该请求应当无耽搁地交给执行地的地方法院的由3名法官组成的刑事法庭处理，如果该申请人尚未被交付执行剥夺自由刑、罚金或者科料的，不受理其请求；在未向申请人送达传票的情况下，在第一次交付审判时增加辩论环节。

未向申请人送达传票的审判中，辩论的休庭只能根据《刑事诉讼法典》第349条的规定发生一次。在延期审理的案件中，法院可以决定中止执行检察官所作的决定，直至对罪犯的上述请求作出最终确定的判决。如果申请人缺席的，其申请视为无事实根据而予以驳回。法院对这类案件所作的判决是不可撤销的最终判决，但可以比照《刑事诉讼法典》第341条的规定提出一次宣告无效请求。①

10. 剥夺自由被易科罚金、科料或者提供社区服务的，在被易科的刑罚被部分或者全部执行后，仍然保留其被判处剥夺自由刑的性质。被易科罚金刑或者提供社区服务的剥夺自由刑，不能与不能被易科或者未被易科的剥夺自由刑进行并罚。

11. 对因实施贩运毒品罪和《军事刑法典》所规定的犯罪而被判决有罪的人，不适用前述各款所规定的易科。刑法典和特别刑法中有关禁止、适用、撤销剥夺自由刑易科罚金或者科料的其他不同规定，不影响本款前段的适用。

12. 在作出最终确定的有罪判决之前和之后，均可适用本条。②

13. 如果向一审法院提出的将其剥夺自由刑予以易科的请求被拒绝的，该被认定有罪的人在此后的程序中仍然可以提出易科

① 第2408/1996号法案修正。

② 第2408/1996号法案修正。

申请。[1]

第 83 条 法定减轻处罚

在不具有任何其他加重情节的情况下，如果具有本法典总则所规定的减轻刑罚事由的，应当按照下列规定量定刑罚：

a）替代终身惩役，适用不少于 10 年的有期惩役；

b）替代超过 10 年的惩役，适用不超过 12 年的惩役或者不少于 2 年的监禁；

c）替代不超过 10 年的惩役，适用不超过 6 年的惩役或者不少于 1 年的监禁；

d）对其他情况，法院可以自由裁量地减轻刑罚直至该刑种的最下限；

e）如果法律规定了剥夺自由刑并处金钱刑的，只适用金钱刑。

第 84 条 酌定减轻处罚的情节

1. 在法院认定存在减轻处罚情节的情况下，也可以在前条规定的幅度内减轻刑罚。

2. 减轻处罚情节尤其应当考虑下列情形：

a）行为人在犯罪之前总体上过着诚实的个人生活、家庭生活、职业生活和社会生活；

b）在高尚的动机或者极度贫困的驱使下实施犯罪，或者在严重威胁的支配下实施犯罪，或者在其必须服从或者所隶属的人的强迫下实施犯罪的；

c）在由被害人的不正当行为的驱动下实施犯罪，或者在针对其所实施的不正当行为所产生的剧烈的愤怒或者悲伤支配下实

---

① 第 2479/1997 号法案修正。

施犯罪的；

d）表现出真诚悔罪和力图消除或降低行为所造成的后果的；

e）行为人在实施行为之后的相当长时间内表现良好的。

第 85 条　刑罚减轻情节的竞合

在适用第 83 条规定的减轻刑罚的事由存在不止一个或者第 84 条所指的减轻处罚情节不止一个时，在量刑时只能一并考虑上述的所有事由或者减轻处罚情节，根据第 83 条规定的标准进行一次减轻处罚。

第 86 条　死刑（废止）①

第 87 条　临时羁押期间的扣除

1．被判处剥夺自由刑时，在量定刑期后，应当从中扣除有管辖权的侦查机关对被判刑人所决定实施的拘留期间，被暂时逮捕的期间也应当从中扣除。

2．在数罪并罚的情况下，对其中任何一个犯罪所适用的审判期间暂时羁押和本条第 1 款所指的羁押之期间，应当从所适用的刑罚中扣除，即使该判决只对其他犯罪定罪判刑却对此前被适用临时羁押的所涉犯罪宣告无罪的也不例外。

3．《刑事诉讼法典》第 200 条规定的将被告人置于精神病治疗机构中的时间，也应当扣除。

4．负责执行该司法裁判的有权机关，从判决所适用的剥夺自由刑中扣除判决作出之日起到判决最终确定之前的时间。

---

① 第 2207/1994 号法案废止。

II. 累犯与惯犯

第 88 条 累犯

1. 曾经因为故意实施的轻罪而被判处超过 6 个月监禁的人，在最终确定的有罪判决公布之日起 5 年内，又实施重罪或者实施法定刑不少于 3 个月监禁之故意轻罪的；或者曾经因为实施重罪而被判刑，在最终确定的有罪判决公布之日起 10 年内，又实施重罪或者实施法定刑不少于 3 个月监禁之故意轻罪的，构成累犯。

2. 在计算上述 5 年或者 10 年期间时，罪犯在其他监狱、治疗机构、执行机构中实际执行剥夺自由刑或者保安处分的时间，以及被判刑人脱逃期间，不能计算在内。

第 89 条 累犯的处罚

1. 对于累犯，可以突破对其被追诉的行为的法定刑幅度，最高可达到该刑种的刑度上限。如果正在被追诉的行为的法定刑是选科剥夺自由刑或者金钱刑的，总是适用剥夺自由刑。

2. 对于三次或者更多次的累犯的，如果被追诉行为的法定最高刑超过 1 年监禁的，所适用的刑罚不得低于 18 个月监禁。

3. 在对依据本条所适用的监禁判决予以易科时，被易科的金额不得少于下列标准：

a）对一次累犯，易科的最低数额增加至 2 倍；

b）对二次累犯，易科的最低数额增加至 3 倍；

c）对更多次的累犯，易科的最低数额增加至 5 倍。

第 90 条 属于累犯的惯犯

1. 行为人曾经被多次予以刑罚处罚，而且这其中至少三次是因为实施重罪或者被判处剥夺自由刑的故意轻罪而被处罚，并且其中至少一次的处罚不轻于惩役，又实施新的重罪或者故意轻罪的，如果结合考虑该行为人的前科，显示其构成对公共安全存在危险之惯犯或者职业犯的，如果按照前条规定应当适用的刑罚为有期惩役的，则应当为不定期惩役。其刑罚应当在专门的机构或者监狱的某一专门部分内执行。在对其所作的判决中，只确定惩役的最低刑期，最低刑期不得低于前条所指的刑度上限的2/3。

2．因为实施希腊法律规定为重罪或者故意轻罪的行为而被判处的剥夺自由刑被全部或者部分地在国外执行的，在适用上述规定时应当考虑在内。外国法律中的需要在监狱中履行的义务内容较多的剥夺自由刑，视同希腊刑法上的惩役。

第91条　不定期惩役的消灭

1．在根据前条第1款所指的判决确定的刑罚最低期间届满后，法院每3年或者根据罪犯的申请对是否能够将其自动释放进行审查。如果罪犯在监狱期间的良好行为表现使其可以被期待不会再实施新的犯罪的，决定予以释放。在此类案件中，执行该刑罚的机构所在地的地方法院，应当在征询执行机构负责人的意见后作出决定。

2．该撤销都是附条件的：可以根据第107条第1款规定的条件予以撤销；如果在5年之内未被撤销的，予以消灭。第110条第3款、第4款、第5款的规定，也相应地适用于这一撤销。

3．但是，如果行为人是因为法定刑为不超过10年惩役的行为而被判处不定期惩役的，在判决确定的最低刑期届满后继续关押于监狱的时间不得超过15年；对其他情况下的不定期惩役，这一继续关押期间不得超过20年。

4．如果出现第97条规定的并罚因而法院依据第90条第1款的规定另行确定最低刑期的，在第 94 条第 1 款规定的范围内予以加重。

第 92 条 不属于累犯的惯犯

不构成累犯之惯犯或者职业犯，适用第 89 条第 1 款的规定。如果证明其对公共安全存在危险并且所实施的行为应当适用的刑罚为惩役时，可以适用不定期惩役。不定期惩役的最低期间不得低于行为人所应适用刑种之刑度上限的 1/2。其余问题适用第 90 条和第 91 条的规定。

第 93 条 过失犯罪的累犯

因为过失实施的轻罪而被判处不少于 6 个月的剥夺自由刑的人，在判决公布之日起 5 年内，又过失地实施相同或者相关的轻罪的，也适用第 89 条第 1 款的规定。

III. 并合罪

第 94 条 剥夺自由刑的并罚

1. 如果行为人因为两个或者两个以上的行为构成两个或者两个以上的犯罪并且依法被判处两个或者两个以上有期剥夺自由刑的，应当以数个刑罚中最重的刑罚为基础予以加重后确定并罚之刑罚。如果数个刑罚在日期和期间上相同的，以其中一个刑罚为基础予以加重形成并罚之刑罚。对数刑中的最重刑的加重不得少于下列标准：

a）如果总和刑期超过 2 年的，不得少于 4 个月；

b）如果刑罚为不超过 10 年的惩役的，不得少于 1 年；

c）如果刑罚为超过 10 年的惩役的，不得少于 2 年。

但是，在任何情况下，该加重不得超过其余刑罚总和刑期的

3/4，而且并罚之刑罚也不得超过下列标准：惩役不得超过25年；监禁不得超过10年；拘役不得超过6个月。

2. 对连续犯，法院可以在数个刑罚的总和刑期的基础上自由裁量地予以加重，但不得超过该刑种的最高上限。

对连续实施的过失致人死亡罪，在特殊的情况下，法院可以按照第1款的规定予以并罚。①

3. 如果前款所指的连续犯被适用的部分刑罚被大赦、特赦、缓刑、假释、已过时效或者因为其他任何原因未被执行的，其余的刑罚仍然应当执行；在适当的情况下，检察官可以依职权或者依被判刑人的申请，建议法院对剩余刑期再次适用并罚规则。

第95条　从刑等的共用

即使法律只对并罚数罪中的一个犯罪规定了第59条至第64条规定的从刑或者第71条至第76条规定的保安处分，应当或者可以与并罚之刑罚同时适用。

第96条　数个金钱刑的并罚

1. 如果存在不止一个的罚金或者科料的，以较重的罚金或者科料为基础，根据被判刑人的经济状况予以加重。但是，该加重不得超过其余罚金或者科料总和金额的3/4。如果数个刑罚数额相等的，以其中一个刑罚为基础予以加重形成并罚之刑罚。

2. 第94条第2款的规定适用于本条。

第97条　需要并罚的其他情况

如果罪犯在其所被适用的刑罚被执行完毕、行刑时效届满或者被赦免之前，又因为另一犯罪（无论实施于何时）而被判决有罪时，适用第94条第1款和96条第1款的规定。

---

① 第3346/2005号法案新增第2款第2项。

第 98 条 继续犯[①]

1. 如果同一行为人实施的数个行为是同一犯罪的继续的，法院可以不适用第 94 条第 1 款的规定，而只适用一个刑罚。在量刑时，法院应当对数个行为的全部情节加以考虑。

2. 如果犯罪人意图通过该数个行为的继续实施获取所涉财产、财产利益或者造成财产损失的，应当将其数额累计。在这些情况下，应当根据实际出现或者意图出现之总的财产价值数额、总的损失数额、总的财产利益数额来确定其行为的犯罪性质。

第六章 缓刑与假释

I. 缓刑

第 99 条 缓刑和缓刑期间

1. 如果行为人因为实施重罪或者可判处超过 6 个月剥夺自由的轻罪而被一个或者数个最终确定的判决判处不超过 2 年剥夺自由刑（在数个判决并罚的情况下是指总和刑期不超过 2 年）的，除非法院基于其在判决中所指明的具体事项证明按照第 82 条的规定执行刑罚对于预防该行为人再实施其他犯罪而言是绝对必要的，否则应当在其判决中决定缓刑，缓刑期间不得少于 3 年，但最高不得超过 5 年。[②]

2. a. 已被授予政治避难权的外国人如果被判处不超过 5 年剥夺自由刑并且同时被适用驱逐出境的，在该驱逐出境需要立即执行的情况下，法院可以不受本条前款和本法典第 100 条至第

---

① 第 2721/1999 号法案新增第 2 款。

② 第 2207/1994 号法案修正；第 2479/1997 号法案修正。

102 条的限制，决定不定期地暂缓执行其刑罚。

b. 尚未支付诉讼费用和被适用的金钱刑，不妨碍该缓刑和驱逐出境的适用。①

c. 在对该外国人执行驱逐出境的同时，暂缓执行其被判刑罚。在这种情况下，根据本刑法典第 74 条第 4 款适用的羁押之期间应当从被缓刑的刑罚中扣除。②

3. 根据前款规定被驱逐出境的缓刑外国人在被驱逐 5 年之后可以根据希腊司法部的决定返回希腊，但在有的情况下这一期间可以被延长。③

如果该外国人与希腊公民结婚的，只要该婚姻关系处于持续期间并且是返回希腊的家中的，司法部可以不受前段所指期间的限制。④

应当在根据第 74 条第 3 款的规定征求三人委员会的意见后，作出上述决定。⑤

4. 前款所指的外国人非法进入或者力图非法进入希腊的，处不少于 2 年的监禁，且不影响以任何规定的方式与其被暂缓执行的刑罚进行并罚。⑥

5. 如果该外国人已经以任何方式服刑完毕但法院所决定的驱逐出境无法执行的，由服刑地的三人委员会基于负责监督家中羁押的检察官的请求（在不存在此类检察官的情况下由负责其刑罚执行的检察官提出）决定暂缓执行驱逐出境。在作出予以暂缓

① 第 2408/1996 号法案修正。

② 第 2721/1999 号法案修正。

③ 第 2331/1995 号法案修正。

④ 第 2521/1997 号法案修正。

⑤ 第 3090/2002 号法案修正。

⑥ 第 1941/1991 号法案修正。

执行的决定时，法院可以适用第100条A第2款规定的限制条件的一部或者全部。如果适用暂缓执行驱逐出境所依据的理由消失的，按照与给予暂缓执行相同的程序予以撤销。①

第100条　对超过2年但不超过3年的刑罚适用缓刑的条件

1. 如果行为人被判处超过2年不超过3年监禁并且符合第99条规定的条件的，法院可以在判决中决定暂缓执行其刑罚，缓刑的期间不得低于3年，不得超过5年。

在调查被判刑人所实施之行为的情节（尤其是其动机）、其以往生活中的表现和人格的的基础上，如果认为对于预防其实施其他犯罪而言没有必要执行刑罚的，可以给予缓刑。在作出决定时，法院还应当考虑被判刑人的罪后行为表现，特别是显示其悔悟和弥补其行为后果的行为表现。

2. 适用缓刑的理由，应当在判决中具体指明。

3. 法院可以将行为人预先支付其所欠的诉讼费用、赔偿和金钱补偿作为缓刑的条件，也可以规定其履行这些条件的最后期限。

4. 宣读缓刑决定的审判长应当向被判刑人告知对其所规定的条件。

第100条A　保护观察下的缓刑②

1. 行为人被判处超过3年不超过5年监禁并且符合刑法典第99条和第100条规定的条件的，法院可以予以缓刑，并且交付社会援助管理人的保护观察，该期间不少于3年不超过5年。

2. 除了第100条第3款规定的条件外，法院还可以规定与被判刑人生活方式和住所地有关的条件。

---

① 第3090/2002号法案修正。

② 第1941/1993号法案新增第1项至第7项。

这些条件尤其可以包括：

a）禁止被判刑人未经许可离开惯常住所或者法院指定的其他地点。只有在社会援助管理人基于罪犯工作、学习、健康或者家庭的原因提出请求的情况下，检察官才能够给予该许可，许可必须采取书面的形式并且具体指明期间。

b）交出护照或者其他旅游文书并且除非获得许可否则不得离开希腊。在按照 a 项的规定许可其离开的情况下，离开的期间不得超过 1 个月。

c）被判刑人按照特定的周期间隔向住所地的警察局或者社会援助管理部门报告其情况。

d）如果其行为违反其作为机动车驾驶人的义务的，剥夺驾驶资格 1 年至 5 年。

e）禁止与特定的人进行会见。

f）让被判刑人履行向其他人提供食物或者照料的义务。

3. 法院也可以在被判刑人同意的前提下将遵守下列义务规定为条件：

a）接受普通或者特别的治疗；

b）居住于特定的机构中；

c）提供社区服务。

4. 社会援助管理人监督被缓刑人履行对其规定的条件，并且每季度向有权管辖的检察官提交情况报告。如果被缓刑人严重违反所规定的条件的，应当以相同的方式立即向检察官报告。

5. 在缓刑期间，如果被缓刑人违反所规定的条件的，一审法院基于有权检察官的请求对是否撤销缓刑作出决定。如果一审法院分别是地方法院或者上诉法院的，分别由 3 名成员组成的法庭或者 5 名成员组成的法庭负责审理。

如果法院认为存在多项违反条件的情况并且严重程度达到有必要让被判刑人继续服剥夺自由刑以预防其实施其他犯罪的，决定撤销其缓刑。

6. 基于负责检察官或者被判刑人本人的申请，前款所指的法院在根据被判刑人在缓刑期间总的行为表现而认为必要的情况下，可以修改所规定的条件、缩短或者延长保护观察的期间、取消保护观察但同时根据刑法典第 99 条及以下规定继续维持普通缓刑。在前一次申请被拒绝后，被判刑人可以在 6 个月后提出新的申请。

7. 刑法典第 101 条和第 102 条的规定，也适用于保护观察下的缓刑。

8. 在社会援助部门的官员根据第 1941/1991 号法案第 15 条至第 17 条的规定接手保护观察工作之前，对所适用的条件进行监督的职责由作出保护观察下缓刑决定的法院的之检察署的检察官负责。

第 101 条 可以撤销缓刑

1. 如果在给予缓刑之后的缓刑期间，发现被缓刑人此前曾经因为第 99 条规定的任何行为而被最终确定地判处剥夺自由刑的，法院基于检察官的请求撤销缓刑。

2. 如果因为被缓刑人在其被宣布缓刑决定之前所实施的任何行为而在缓刑期间对其作出最终确定的有罪判决的，该缓刑视为未被适用。除非法院因为考虑到新的判决所指的犯罪性质轻微而在该判决中明确地决定继续维持原判决的缓刑，否则应当对被缓刑的原刑罚和新判处的刑罚按照第 94 条第 1 款和第 96 条第 1 款的规定进行并罚。如果因为被缓刑之前所实施的行为而在缓刑期间届满之后被判决有罪或者在缓刑期间开始提起刑事追诉程序但在缓刑期间届满之后作出最终的有罪判决的，适用相同的规则。

第 102 条　自动撤销缓刑

1. 如果被判刑人在缓刑期间又因为实施重罪或者轻罪而被判处剥夺自由刑的，在对新罪作出最终确定的判决时，撤销其缓刑。除非法院因为考虑到新的判决所指的犯罪性质轻微而在该判决中明确地决定不撤销原判决的缓刑，否则应当在被缓刑的原刑罚先执行完毕之后再继续执行新罪所判处的刑罚。

2. 如果缓刑未被根据前款或者第 101 条的规定予以撤销的，被暂缓执行的刑罚视为未曾被适用。

第 103 条　外国判决的效力

如果第 99 条、第 101 条和第 102 条规定的刑罚是外国法院的判决中所适用的，其中关于适用或者撤销缓刑的规定在任何情况下对希腊法院都不具有约束力。

第 104 条　适用缓刑时的诉讼费用、赔偿和附加刑

1. 缓刑的适用不能免除被判刑人支付诉讼费用、民事赔偿和金钱补偿的义务。

2. 附加适用的剥夺资格或者撤职，与主刑同时暂缓执行和消灭。但对第 263 条规定的针对公务员适用剥夺资格或者撤职的案件，法院可以决定不予以暂缓执行。

II. 假释

第 105 条　有资格获得假释的罪犯

1. 被判处剥夺自由刑的罪犯，如果符合第 106 条规定的条件并且服刑期间已经达到下列标准的，可以给予假释：

a）监禁，已服刑期达到2/5；

b）有期惩役，已服刑期达到3/5；

c）终身惩役，已服刑期至少20年。

给予假释并不以处刑判决已经最终确定为必要。①

2. 如果罪犯已满70周岁的，已服刑期由达到3/5降低至2/5，如果被判处终身惩役的，已服刑期至少20年降低到至少16年。如果是数罪并罚判处终身惩役的，应当在上述16年的基础上加重所被判处的其余刑罚总和的2/5。在任何情况下，如果罪犯服刑已经满20年的，可以予以假释。在罪犯已满65周岁后，其在监禁机构内度过1日计算为假释所指的已服刑期的2日。② 如果该罪犯在服刑期间从事劳动的，每一日劳动额外再计算半日已服刑期。如果对这些罪犯存在其他更为有利的计算已服刑期的规定的，应当适用其他规定。

对构成重大叛国罪的有罪判决，不适用本款的规定，仍然应当适用“批准刑法典”的第1492/1950号法案第105条第2款的规定。③

3. 在数个刑罚并罚的情况下，在罪犯的已服刑期相对于总和刑期而言达到第1款规定的标准时，可以被假释。在任何情况下，如果罪犯服刑已经满25年并且相对总和刑期而言已经达到上述最低标准，可以予以假释。④

4. 如果在服刑完毕之后应当接受剥夺自由保安处分的罪犯

---

① 第2408/1996号法案修正。

② 第3346/2005号法案修正。

③ 第2408/1996号法案修正。

④ 第2207/1994号法案修正。

被假释的，假释的考验期从该保安处分结束之日起计算。①

如果法院决定对被假释的罪犯予以驱逐出境的，除非驱逐出境无法执行，否则在假释之后应当立即执行驱逐出境，以此方式释放该罪犯并且开始计算考验期。②

5. 第2058/1952号法律中存在关于予以假释时如何计算已服刑期的有利于罪犯的规定：对判处惩役的罪犯，如果已服刑期未达被判刑期的1/3，对判处终身惩役的罪犯，已服刑期未满16年时，不能被假释。在数罪并罚的情况下，如果已服刑期已达被判刑期的2/5，对判处终身惩役的罪犯，已服刑期已满16年后继续服刑的刑期达到所被判处的其余刑罚总和的2/5时，可以被假释。在任何情况下，如果罪犯服刑已经满20年的，可以予以假释。对适用第129条规定的罪犯，对每日劳动按照较有利之规定计算已服刑期，只有已服刑期未达到3/5这一规定的下限的，才可以予以假释。

对因实施重大叛国罪而被作出有罪判决的人，不适用本款的规定，继续适用第2058/1952号法案第5条的规定。③

如果行为人是因为针对正在履行职务的公务员实施第299条第1款所规定的罪行而被判决有罪的，不适用本款的规定。④

第106条　准予假释的条件

1. 在任何案件中，除非根据罪犯在服刑期间的行为有根据地认为继续关押对于预防其实施新的犯罪而言是绝对必要的，否则应当予以假释。

---

① 第2207/1994号法案修正。

② 第3090/2002号法案修正。

③ 第2408/1996号法案新增。

④ 第3772/2009号法案新增。

对因为实施重大叛国罪而被判决有罪的人，不适用本款的规定，仍然应当适用“批准刑法典”的第1492/1950号法案第106条第1款的规定。

2. 可以对被假释人适用与其生活方式尤其是住所有关的特定义务。基于被假释人的申请，可以在任何时候撤销或者变更这些义务。

3. 第100条A第2款至第4款的规定，也相应地适用于本条。

第106条A（废止）①

第107条 假释的可以撤销

1. 如果被假释人不履行对其所适用的假释义务的，可以撤销假释。

2. 在假释被撤销的情况下，被重新羁押之前的假释期间不能计入刑期。

第108条 假释的自动撤销

如果被假释的罪犯在第109条规定的期间内故意地实施犯罪在任何时候最终被判处超过6个月监禁的刑罚的，应当撤销假释，将该刑罚与前一判决从被假释之日起剩余的应服刑期进行并罚。

第109条 假释未被撤销的效力

在剩余刑期超过3年的情况下，如果在剩余刑期相应的期间已满之前未被撤销的；在其他情况下，如果在被假释之后3年内未被撤销的，刑罚均被视为执行完毕。对终身惩役，如果从假释之日起10年内未被撤销的，视为执行完毕。

---

① 第2207/1994号法案废止。

第 110 条 给予假释和撤销假释的程序

1. 假释的适用和撤销由服刑地的地方法院作出决定。

应当在开庭至少 10 日之前传唤该罪犯，该罪犯可以亲自出庭或者使用盖有监狱长或者有权机关印章的空白文书委任律师出庭。

2. 基于罪犯所在的服刑机构提出的请求，作出给予假释的决定。应当在第 105 条规定的期间届满 1 个月之前提交该假释请求。如果服刑机构认为存在不应适用假释的情节的，在向地方法院提交报告的同时应当向该地方法院的检察署提交易科提供社区服务的建议。

3. 撤销假释的决定由作出适用决定的同一法院作出，由负责监督被假释人的机关提出请求。

4. 可以指定负责对有罪前科人员进行预防的团体承担对被假释人的监督。

5. 在紧急情况下，如果为预防危害公共秩序之危险所必要，被假释人居住地的检察官可以决定对其实施临时逮捕，随之立即启动决定撤销假释的法定程序。如果最终被决定撤销假释的，临时逮捕的时间计算在已服刑期内。

第 110 条 A

1. 如果被判刑人患有艾滋病的，无论是否符合第 105 条和第 106 条规定的条件，均可予以假释。

2. 对适用第 1 款的条件，由被判刑人提出请求，由有管辖权的法院指定专门的鉴定人认定，由司法部和卫生、福利和社会保障部共同地对其程序作出规定。

3. 第 1 款所指的假释应当载入罪犯的刑事记录并且只能适用一次。

第七章　刑罚消灭事由

I. 时效

第 111 条　追诉时效

1. 时效导致犯罪的消灭。

2. 重罪的时效期间为：

a）如果法定刑为终身惩役的，为 20 年；

b）其他情况，为 15 年。

3. 轻罪的时效期间为 5 年。

4. 违警罪的时效期间为 1 年。

5. 时效期间按照现行历法计算。

6. 如果法定刑为不止一个刑种可选科刑罚的，以最重的刑罚为依据计算上述期间。

第 112 条　追诉时效的起算①

追诉时效期间从犯罪实施之日起计算。

第 113 条　追诉时效的中止

1. 在按照法律规定不能开始追诉或者不能继续追诉的期间内，追诉时效期间中止。

2. 追诉时效期间在主体程序进行之时中止，直至判决最终确定之时。

3. 前款所指的中止的持续时间，对重罪，不能超过 5 年；对轻罪，不能超过 3 年；对违警罪，不能超过 1 年。在刑事诉讼

① 第 2331/1995 号法案补充。

程序依据《刑事诉讼法典》第30条第2款和第59条的规定延期或者中止时，不能计入上述中止期限。①

4. 对只能依据告诉提起追诉的犯罪，如果未提出告诉的，时效期间不中止。

5. 对根据本条或者前两条的规定追诉时效期间已经过的正在处理的案件，有管辖权的地方法院在负责起诉的检察官同意撤回起诉的情况下，可以决定终止刑事追诉。②

6. 当针对未成年人实施第323条A、第324条、第336条、第338条、第339条、第342条、第343条、第345条、第346条、第347条、第348条、第348条A、第349条、第351条、第351条A所规定的犯罪时，其时效期间中止，对轻罪而言，直至该未成年人成年之后1年；对重罪而言，直至其成年之后3年。③

第114条　行刑时效

被适用的刑罚，如果经历下列期间而未被执行的，不能再执行：

a）终身惩役，为30年；

b）第38条所指的禁闭于精神病治疗机构和惩役，为20年；

c）监禁、罚金和第54条规定的禁闭于青少年专门羁押机构，为10年；④

d）其他较轻的刑罚，为2年。

第115条　行刑时效的起算

行刑时效的期间从判决不可变更之日起计算。

---

① 第3346/2005号法案修正。

② 第2408/1996号法案修正。

③ 第3625/2007号法案新增。

④ 第3189/2003号法案修正。

第 116 条 行刑时效的中止

行刑时效因为下列原因而中止：

a）在按照法律规定不能开始执行刑罚或者不能继续执行刑罚的期间内；

b）第 99 条规定的缓刑期间，或者被许可以分期方式支付被判处罚金或者科料的期间；以及

c）第 71 条和第 72 条规定的保安处分的执行期间。

II. 放弃告诉

第 117 条 没有提出告诉或者声明放弃告诉权利

1. 对只能基于告诉提起追诉的犯罪，如果告诉权人在知悉该行为的实施和实行者或者任何共犯人之后不在 3 个月内提出告诉的，该犯罪消灭。

2. 如果告诉权人向有权机关明确地声明放弃告诉权利的，也产生同样的效力。

第 118 条 有权利提出告诉的人

1. 除非法律在特别条款中另有规定，否则直接受害人为告诉权人。

2. 如果被害人已满 12 周岁的，该被害人及其法定代理人享有告诉权；在该被害人年满 18 周岁之后，只有该被害人享有告诉权。①

3. 在存在两个或者多个告诉权人的情况下，每一个权利人的权利是相互独立的。

① 第 3625/2007 号法案修正。

4. 如果被害人死亡的，告诉权转归其在世的配偶或者子女；如果没有配偶或者子女的，转归其父母。

5. 针对希腊共和国总统或者代行总统职权的人实施的犯罪，如果属于只能基于告诉提起追诉的犯罪的，依据司法部长的请求提起追诉。

第 119 条　告诉的不可分割性

即使告诉权人只对犯罪的部分行为人提出了告诉，也应由犯罪的所有行为人提起追诉程序。

第 120 条　撤回告诉

1. 已经提出的告诉可以按照《刑事诉讼法典》规定的条件予以撤回。

2. 对任何一个犯罪行为的关联人撤回告诉，导致对其他犯罪人的刑事追诉的终止，即使对该他人已经依据告诉而提起追诉也不例外。

3. 该撤回对声明不接受该撤回之立场的被告人不发生效力。在告诉撤回后，不能再次对之提出告诉。

第八章　对未成年人的特别规定①

第 121 条　定义②

1. 本章所指的未成年人，是指实施行为时已满 8 周岁不满 18 周岁的人。

2. 应当按照下列各条的规定，对未成年人适用教育处分、治疗处分或者刑事处罚。

① 第 3189/2003 号法案修正章名。

② 第 3189/2003 号法案修正。

第 122 条 教育处分[①]

1．教育处分包括：

a）对未成年人予以训诫；

b）责令该未成年人的父母或者监护人进行管教；

c）将该未成年人交付领养家庭进行管教；

d）交付未成年人保护团体、未成年人教育机构或者未成年罪犯监督官进行监督；

e）在未成年犯罪人和被害人之间进行调解，以便就道歉和对行为所造成的后果作非司法性质的处理达成和解；

f）向被害人支付赔偿金或者以其他方式消除或减轻该未成年人所实施的行为所导致的后果；

g）让该未成年人提供社区服务；

h）监督该未成年人在国家的、大区的、省的或者私人的机构中参加社会计划或者心理计划；

i）让该未成年人在学校接受职业培训或者其他培训；

j）监督该未成年人参加专门的交通教育计划；

k）交付未成年人保护团体、未成年人教育机构或者未成年罪犯监督官予以密切的考验监督；

l）将该未成年人置于国家的、大区的、省的或者私人的适当的教育机构之中。

2．对适用教育处分的所有案件，都可以同时附加适用与该未成年人的生活方式或者教育有关的义务。在特殊情况下，可以同时适用前款 a 项至 k 项规定的两种或者更多种教育处分。

3．法院的决定应当规定所适用的教育处分的最长期间。

① 第 3189/2003 号法案修正。

第 123 条　治疗处分[①]

1. 如果未成年人的状况需要特别的治疗的，尤其是患有精神病、由于精神功能或者器质性的疾病导致的病态错乱、严重的身体残疾、使用酒精或者毒品达到 6 次并且无力依靠自己的力量戒除或者其智力或道德发育显示出异常滞后的，法院应当：

a）指定未成年人的父母、监护人或者领养家庭负责照管；

b）指定未成年人保护团体或者未成年罪犯监督官负责照管；

c）监督该未成年人参加所建议的治疗计划；

d）将该未成年人移送治疗机构或者其他适当的封闭的机构。在特殊情况下，可以将 a 项或者 b 项规定的处分和 c 项规定的处分一并适用。

2. 在事先由来自于司法部所属单位、医疗卫生中心、政府医院的医生、心理学专家、社会工作者组成的专门小组进行诊断和提出意见之后，法院再决定适用该治疗处分。

3. 如果未成年的毒品成瘾者吸食毒品达到 6 次并且不能通过自己的努力戒除的，法院在适用本条第 1 款所指的治疗处分之前，应当根据第 1729/1987 号法案第 13 条第 2 款的规定决定进行心理学鉴定和实验室测试。

第 124 条　处分的变更或者撤销[②]

1. 对其作出判决的法院，可以在认为必要的任何时候用其他教育处分替代已被适用的教育处分。如果教育处分已经不符合其目的的，予以撤销。

2. 在根据第 123 条第 2 款的规定征求意见后，上述规定同样适用于治疗处分。

---

① 第 3189/2003 号法案修正。

② 第 3189/2003 号法案修正。

3. 在根据第 123 条第 2 款的规定征求意见后，法院可以用治疗处分替代教育处分。

4. 在处分执行最少满 1 年以后，由法院对其是否符合教育处分或者治疗处分的变更或者撤销条件进行审查。

第 125 条 处分的期间①

1. 在未成年人年满 18 周岁时，法院所适用的教育处分应当终止。法院可以作出有具体理由的判决，延长该处分至该未成年人 21 周岁生日。

2. 在根据第 123 条第 2 款的规定征求意见后，可以将治疗处分延长到该未成年人满 18 周岁之后，直至其 21 周岁生日。

第 126 条 不应当承担刑事责任的未成年人②

1. 8 周岁至 13 周岁的未成年人实施的犯罪行为，不能对其归责。

2. 未满 13 周岁的未成年人实施犯罪行为的，只应当适用教育处分或者治疗处分。

3. 已满 13 周岁的未成年人实施犯罪行为，如果不能按照第 127 条的规定予以刑事处罚的，适用教育处分或者治疗处分。

第 127 条 应当承担刑事责任的未成年人③

1. 法院对已满 13 周岁的未成年人所实施的行为的情节和其整体的人格进行审查后，如果认为有必要通过刑罚矫正来预防其实施新的犯罪的，可以判决将其禁闭于青少年专门羁押机构。

2. 法院应当根据第 54 条的规定，在判决中指定该未成年人禁闭于机构中的期间。

---

① 第 3189/2003 号法案修正。

② 第 3189/2003 号法案修正。

③ 第 3189/2003 号法案修正。

第 128 条　未成年人实施的违警罪[①]

如果未成年人实施构成违警罪的行为的，只适用第 122 条第 1 款 a 项、b 项和 j 项规定的教育处分。

第 129 条　假释条件[②]

1. 在所适用的禁闭于青少年专门羁押机构的刑期已满 1/2 后，法院可以按照下列规定决定对该未成年人予以假释。应当在假释决定中确定考验期间，该期间不得超过剩余刑期。

2. 对正在服刑的未成年人罪犯，除非依据其行为而有具体理由地认为有继续羁押以预防其实施新的犯罪的绝对必要，否则都应当给予假释。一旦服刑达到刑期的 1/2，禁闭该未成年人的机构应当向所在地的地方法院提交适用假释以及同时适用提供社区服务的报告。

3. 在对所判刑罚服刑满刑期的 1/2 之前，只有存在重大理由并且实际服刑已满刑期的 1/3 的情况下，才可以适用假释。

4. 在给予假释考虑已服刑期时，按照对被假释人更为有利的现行规定计算。如果该未成年人禁闭于青少年专门羁押机构的时间不到所判刑期的 1/3 的，不能给予假释。

5. 对被假释人，可以在考验期间对其适用遵守与生活方式尤其是与住所、教育以及对滥用毒品或者酒精物质者的精神康复治疗计划中的被依法批准的监督有关的义务。对外国罪犯，可以在假释的同时决定予以驱逐出境，但其家庭合法地居留于希腊或者无法适用驱逐出境的除外。如果被假释者违反这些限制条件的，类比适用第 107 条的规定。

6. 如果被假释的人在考验期间因为实施重罪或者故意的轻

---

① 第 3189/2003 号法案修正。

② 第 3189/2003 号法案修正。

罪而被认定有罪的，撤销假释并且适用第 132 条的规定。

7. 如果在判决确定的考验期届满后假释未被撤销的，刑罚视为执行完毕。

8. 禁闭于青少年专门羁押机构之刑罚的机构所在地的少年法院的由 3 名成员组成的刑事法庭负责对未成年罪犯适用假释和撤销假释。

9. 因为第 1729/1987 号法案（修正后）第 5 条规定的犯罪或者确定是为了便于滥用毒品而实施的其他犯罪而被判处禁闭于青少年专门羁押机构的未成年人，如果在禁闭期间参与机构外精神康复计划的提议被批准并且该计划的负责人声明愿意接受其参与该计划的，构成第 3 款规定的提前适用假释的重大理由。精神康复计划的负责人在该未成年人服从监督的情况下应当每两个月向法院报告一次其情况，在没有出现无正当理由地不接受监督的情形而成功地完成康复计划时，也应当向法院报告。如果该未成年人在此期间无正当理由地不接受监督的，撤销假释。

10. 如果假释请求未被接受的，除非出现了新的因素，否则在被拒绝两个月后可以提出新的申请。

第 130 条　在满 18 周岁之后交付审判①

1. 已满 13 周岁的未成年人实施犯罪但在年满 18 周岁之后才交付审判的，法院可以适用第 83 条规定的减轻的刑罚，用以替代禁闭于青少年专门羁押机构。法院在认为该未成年人有必要予以刑罚矫正但不适合禁闭于青少年专门羁押机构时，适用这一替代。

2. 依据前款规定所适用的剥夺自由刑，在任何情况下都不

① 第 3189/2003 号法案修正。

含有剥夺政治权利或者交付劳动机构之内容。

3．在通常情况下，这些罪犯应当与其他成年罪犯分开关押。

第 131 条　在满 18 周岁之后开始执行[①]

1．被判处禁闭于青少年专门羁押机构的未成年人在判决开始执行之前年满 18 周岁，如果作出判决的法院认为禁闭于青少年专门羁押机构不再适当的，可以用前条所指的刑罚予以替代。

2．如果该罪犯已满 21 周岁的，应当实施第 1 款所指的禁闭于青少年专门羁押机构予以替代。

3．第 130 条第 2 款和第 3 款的规定，也适用于本条所指的情况。

第 132 条　并罚[②]

1．如果禁闭于青少年专门羁押机构的罪犯在满 18 周岁之前又实施新的犯罪或者出现第 97 条规定的任何其他情况的，法院对前一判决所适用的刑罚，在不超过第 54 条规定的限度内予以加重。

2．如果禁闭于青少年专门羁押机构的罪犯在已满 18 周岁之后又实施新的犯罪的：

a）如果所实施的新罪被判处的刑罚为有期惩役的，法院适用一个加重的惩役作为并罚后的刑罚。惩役的加重不得少于前一判决所量定刑期的 1/2。除此以外，还应当适用第 94 条第 1 款的规定。

b）如果所实施的新罪被判处的刑罚低于有期惩役的，在前一判决所量定的刑罚的基础上予以加重，但不得超过第 54 条规定的最高限度。

---

① 第 3189/2003 号法案修正。

② 第 3189/2003 号法案修正。

第 133 条 年龄较小的成年人①

对在犯罪之时已满 18 周岁不满 21 周岁的人，法院可以适用第 83 条所规定的减轻的处罚。第 130 条第 2 款和第 3 款的规定也适用于此类案件。

① 第 3189/2003 号法案修正。

第二编　分　则

第一章　侵害宪法罪

第134条　重大叛国罪

1. 有下列行为的，处终身惩役或者有期惩役：

a）力图以任何方式剥夺希腊共和国总统或者代行总统职权的人依据宪法所享有的权力的；

b）以身体暴力或者实施身体暴力相威胁：

i）阻止他人行使宪法权力或者强迫他人实施源于宪法权力的行为；

ii）改变国家的宪法。

2. 对不符合前款规定的下列行为，处终身惩役或者有期惩役：

a）以暴力、暴力威胁手段或者以滥用其所担任的国家机关职位的方式，力图将建立在人民主权、根本原则和政治体制基础上的民主宪法予以废除、修改、永久或者暂时地使之不施行的；

b）使用前项所提到的手段或者利用其受委托负责宪法正常运作之便利，力图剥夺或者妨碍议会、政府、总理行使宪法所赋予的权力，或者强迫或放弃实施其权力范围内的行为的；

c）行使或者享有由自己或者他人以本条所规定的方式和手段所占据的权力的。

3. 力图杀害希腊共和国总统或者代行总统职权的人的，处终身惩役。

第134条A　根本原则和政治体制

前条所指的根本原则和政治体制是指：

a）以选举方式任命国家元首；

b）人民享有的在宪法规定的时间范围内以普遍、直接、自由、平等、秘密投票的方式选举议会的权利；

c）议会制；

d）多党制原则；

e）宪法确定的权力分立原则；

f）立法依据宪法进行、行政和司法依据宪法和法律进行的原则；

g）司法独立原则；以及

h）宪法所规定的个人权利的通常范围及其保护。

第134条B

公务员或者公务雇员在人民主权被篡夺期间或者民主被非法地破坏、改变、停止期间履行其职责，如果该职责只是国家继续运转所必需并且不以维持篡权者的权力为目的的，不作为第134条规定的行为的参加者追究刑事责任。

第135条　重大叛国罪的预备行为

1．公然地或者以散发文书、图片、声明的方式，有意地引起或者试图煽动他人力图实施第134条规定的行为的，处惩役。

2．就实施第134条规定的行为与他人共谋或者与外国政府协商的人，对这些行为的实施进行预备的，处惩役。

3．出于第134条规定的任一目的实施其他预备行为的，处不少于3个月的监禁。

4．两个或者两个以上的人共同地决定实施重大叛国行为或者相互地承诺实施这种行为的，视为共谋。

第 135 条 A　杀害国家机关负责人罪

力图杀死总理、议长或者议会规则所认可的合法代理人或者政党领袖的，处终身惩役。

第 136 条

对第 135 条规定的案件，法院在适用惩役的同时，可以附加第 61 条规定的政治权利。如果犯罪人是外国人的，法院还可以判处第 74 条规定的驱逐出境。

第 137 条

1. 对第 134 条第 1 款、第 2 款和第 135 条规定的案件，如果行为人自动地阻止其行为意图导致结果发生的，免除处罚。

2. 对第 134 条规定的案件，如果行为人对恢复民主作出决定性的贡献的，可以减轻刑罚。但是，法官可以在考虑所有情节的基础上自由裁量予以免除刑罚。

第 137 条 A　酷刑或者有辱人格的其他处遇罪

1. 负责追诉、讯问、侦查犯罪行为或违纪行为或者执行刑罚、拘留或者看管羁押人员的官员或者雇员，在履行这些职责的过程中，出于下列目的，对其权力支配下的人员实施酷刑的，处惩役：

a）向该人或者第三人获取供述、情报、放弃或者接受政治的或者其他的意识形态的特定声明；

b）处罚该人或者第三人；

c）恐吓该人或者第三人。

依据上级命令或者自愿地承担其职责的官员或者雇员实施前款所指的行为的，处以相同的刑罚。

2. 前款所指的酷刑，是指有计划地施以剧烈的身体疼痛、危及健康的身体疲劳、可能导致严重心理伤害的精神痛苦以及非法地使用化学制品、毒品或者的任何其他自然或者人工的手段意图控制被害人意志。

3. 第1款所规定的行为人出于该款所规定的目的在该款所指的情形下，实施身体伤害、健康损害、非法的身体暴力或者精神强制或者其他严重侵害人格尊严的行为，但不属于第2款规定的酷刑，而且其他条款没有规定更重的刑罚的，处不超过3年的监禁。下列情形尤其应当被视为有辱人格：

a）使用测谎仪；

b）长期隔离；

c）严重地侵害性尊严。

4. 依法执行刑罚、对人身自由的其他合法限制或者其他正当的程序强制措施所固有的行为或者后果，不能视为本条所指的行为或者后果。

第137条B　加重情节

1. 实施前条第1款规定的行为，如果具有下列情节的，处不少于10年的惩役：

a）在有计划的酷刑中对被害人施以击打脚底、电击、假处决或者毒品的；

b）对被害人造成严重的身体伤害的；

c）根据其所实施行为的情节认定行为人属于习惯性地实施其行为或者具有特别的危险性的；

d）行为人作为头目指挥实施该行为的。

2. 实施前条第3款规定的行为，如果具有本条前款b项、c项、d项规定的情节的，处不超过10年的惩役。

3. 如果前条规定的行为导致被害人死亡的，处终身惩役。

第 137 条 C　从刑

因为第 137 条 A 和第 137 条 B 规定的行为被认定有罪时，在没有其他规定对之处以更重的剥夺政治权利的情况下：如果被判处终身惩役的，意味着自动剥夺政治权利终身；如果被判处有期惩役的，意味着剥夺政治权利不少于 10 年；如果被判处监禁的，意味着剥夺政治权利不少于 5 年。同时也意味着剥夺获得第 63 条第 1 款规定的身份的资格：如果被判处惩役的，剥夺该资格终身；如果被判处监禁的，剥夺该资格 10 年。

第 137 条 D　一般规定

1．紧急避险在任何情况下都不能阻却第 137 条 A 和第 137 条 B 规定的行为的违法性。

2．上级命令在任何情况下，都不能阻却第 137 条 A 和第 137 条 B 规定的行为的违法性。

3．如果第 137 条 A 和第 137 条 B 规定的行为是在篡夺人民主权的状态下实施的，其时效期间只能从合法权利被恢复之日开始计算。

4．第 137 条 A 和第 137 条 B 规定的行为的被害人，可以要求行为人和国家对其所遭受的损失、精神折磨或者精神伤害承担连带赔偿责任。

第二章　叛国罪

第 138 条　危害国家领域完整罪

1．以身体暴力或者实施身体暴力相威胁的手段，力图获取希腊的领土或者将希腊的领土并入其他国家的，处终身惩役。

2．第 135 条和第 137 条的规定也适用于本条。

第 139 条 危害国家的国际和平罪

1. 为了发起针对希腊或者任何盟国的冲突或者战争，与外国政府进行协商或者达成协议的，处终身惩役或者有期惩役。

2. 如果因为该行为实际地导致战争爆发或者开始实施敌对行动的，处终身惩役。

第 140 条

实施希腊政府未批准的敌对行动或者阴谋诡计，故意地使希腊或者盟国面临战争或者敌对行动之危险的，处不超过 10 年的惩役。如果因为该行为实际导致战争爆发或者开始实施敌对行动的，处不少于 10 年的惩役。

第 141 条

故意地实施任何行为，使希腊、盟国及其人民面临被报复的危险或者希腊、盟国与外国之间的友好关系面临被破坏的危险的，处 3 个月至 3 年监禁。如果因为该行为实际导致报复的，处不少于 3 年的监禁。

第 142 条

过失地实施第 139 条至第 141 条规定的任何行为的，应当追究刑事责任：对第 139 条和第 140 条规定的情况，处不超过 3 年的监禁；对第 141 条规定的情况，处不超过 1 年的监禁。

第 143 条 为敌人服兵役罪

希腊公民在针对希腊国家的战争中，在敌对军队中服役或者拿起武器反对希腊或其盟国的，处终身惩役。

第 144 条 资助敌人军事力量罪

1. 任何人在针对希腊的战争爆发或者迫近时，在明知的情况下非法地以任何的方式增强希腊及其盟国之敌人的军事力量的，处终身惩役。

2. 外国公民给予该敌军以战争必需品或者借贷的，不追究刑事责任，但如果该行为人在行为实施时居住于希腊领域、希腊的被占领域或者敌人来自于这些领域的除外。

3. 位于本国领域内的任何人在战时（未达到外敌入侵或者外敌占领程度），支持敌人对希腊领土的政治诉求或者在明知的情况下以任何方式实施可能降低希腊公民对国家之忠诚的行为的，处终身惩役或者有期惩役。

第 145 条　不履行军事合同罪

1. 在针对希腊的战争爆发或者迫近时，对希腊或者盟国军队所需物品的合同全部或者部分地不予以履行的，处监禁。如果该不作为是由于过失而导致的，处不超过 2 年的监禁。

2. 对本罪，只能基于司法部部长的请求进行追诉。

第 146 条　泄露国家秘密罪

1. 对事关希腊或其盟国利益并对外国政府保密的文书、图纸、其他物品或者情报，在故意的情况下非法地予以泄露或者听任其被获取或者知悉的，处不超过 10 年的惩役。

2. 如果实施于战时的，处终身惩役或者不少于 10 年的有期惩役。

第 147 条

过失地实施前条所指的行为，而该文书、图纸、其他物品或者情报是行为人因为受委托而管理、因为执行公务或者有权机关命令而可以接近或者因为本法典第 145 条所指的合同所知悉的，处不超过 3 年的监禁。

第 148 条　间谍罪

1. 在故意的情况下，非法地获取或者知悉本法典第 146 条所指的物品或者情报的，处不少于 1 年的监禁。

2．如果行为人出于将上述物品或者情报提供给他人或者予以公布的目的实施行为，可能危及希腊的国家利益（尤其是希腊及其盟国的安全）的，处惩役；如果实施于战时的，处终身惩役。

第 149 条

1．有下列行为的：

a）在无权利的情况下，制作船舶、街道、仓库、其他工程的防御工事或者军事管理区的影像或者平面图；或者

b）在明知禁止公众进入这些地点的情况下，出于前项的目的以秘密或者欺骗手段进入这些地点，如果其他条款没有规定更重的刑罚的，处不超过 2 年的监禁。

2．如果行为人只是单纯地以秘密或者欺骗手段进入上述地点的，处不超过 6 个月的监禁。

第 150 条　危害国家权益证明罪

对可以用于证明希腊或者盟国针对其他国家的权利或者利益的文书或者其他物品，故意地予以歪曲、毁灭、隐匿的，处惩役。

第 151 条　滥用代表权力罪

代表希腊或者盟国与其他国家政府处理重要事务的人，故意地以可能对委托人造成损害的方式行事的，处惩役。

第 152 条　一般规定

对第 142 条、第 145 条、第 147 条、第 148 条、第 149 条规定的犯罪，法院在适用监禁的同时，可以同时适用第 63 条第 1 项剥夺相应的官职和职位。

第三章　危害外国国家罪

第153条　侵害外国国家及其首脑罪

1．a）针对与希腊处于和平状态并且被希腊承认的外国实施第134条和第135条规定的行为的；以及

b）故意实施或者意图实施针对与希腊处于和平状态并且被希腊承认的外国的首脑的暴力行为，或者公开地侵害其名誉，如果其他条款没有规定更重的刑罚的，并且在行为实施之时或者被审判之时该外国保证予以互惠待遇的，处监禁。对本种犯罪，只能基于外国政府的请求才能提起追诉。

2．位于希腊领域中的人在上述外国首脑停留于希腊期间对其实施第1款b项所规定的行为，如果以暴力或者意图的暴力实施这些行为的，无论是否存在互惠待遇均应追究刑事责任并且属于公诉罪。

3．本条所规定的侵害名誉的行为，在6个月时效期间届满之后不再追诉。此类案件，不允许行为人对其行为内容的真实性予以证明。

4．对本条第1款a项所规定的情形，应当适用137条的规定。

第154条　侵害外交代表名誉罪

针对派驻希腊的大使或者其他的外国外交代表实施前条第1款b项所规定的行为的，如果其他条款没有规定更重的刑罚的，处不超过2年的监禁。对本罪，只能基于被害人的告诉或者外国政府的请求提起追诉。

第155条　侵犯外国国家象征标志罪

为了表示仇恨或者蔑视，对与希腊处于和平状态并且被希腊

承认的外国主权国家的官方旗帜或者徽章予以移除、毁坏外观、玷污，或者对其国歌的公开演奏予以妨碍或者阻止，如果在行为实施之时或者被审判之时该外国保证予以互惠待遇的，处不超过6个月的监禁或者罚金。对本罪，只能基于外国政府的请求提起追诉。

第156条　侵害中立地位罪

对政府为了在战时保持中立地位而发布并且在国家公报上予以公布了的命令予以违反的，处监禁或者罚金。对本罪，只能基于司法部部长的请求提起追诉。

第四章　危害自由行使政治权利罪

I. 危害政治机关和政府罪

第157条　对政治机关或者政府实施强迫罪

1. 使用暴力或者暴力威胁手段，要求希腊议会、希腊政府或者他们的成员实施其职责行为、不实施其职责行为或者容认与其职责有关的行为的，处不少于10年的惩役。针对议会规则所认可的政党领袖实施该行为的，处以相同的刑罚。

2. 针对县、省、大区的议会或者国家或者地方的其他机关实施上述行为的，处不少于1年的监禁。

3. 如果公开地针希腊议会实施该行为的，处不少于3个月的监禁。如果公开地针对第2款所述机关实施的，处不超过2年的监禁。本罪基于议会或者政府的请求提起追诉。

4. 在适用剥夺自由刑的同时，法院还可以适用第63条第1

项剥夺相应的官职和职位。

第 157 条 A　针对政党实施强迫罪

1. 针对合法政党的办公地点实施暴力行为，如果其他条款没有规定更重的刑罚的，处不少于 1 年的监禁。

2. 第 167 条第 2 款的规定也适用于本罪。

3. 如果前述两款所指的行为造成损失的，视为加重情节，按照第 382 条规定的相应的刑罚进行处罚。

第 158 条　歪曲选举或者投票结果罪

1. 在故意的情况下，以任何方式导致由希腊议会及其委员会进行的选举或者投票产生不真实的结果，或者对选举或者投票的真实结果予以歪曲的，处不超过 2 年的监禁。

2. 针对县、省、大区的地方议会及其委员会实施这些行为的，处不超过 1 年的监禁。

3. 在适用剥夺自由刑的同时，法院还可以适用第 63 条第 1 项剥夺相应的官职和职位。

第 159 条　贿赂罪[①]

1. 在由希腊议会及其委员会、县、省、大区的地方议会及其委员会举行的选举或者投票中，建议给予、实际给予或者许诺给予上述议会的成员、顾问或者议会委员会的成员以不应得的礼物或者其他利益，以之作为其不参与选举、投票或者以特定方式投票的回报条件的，处不少于 1 年的监禁。

2. 在第 1 款所指的任何选举或者投票中，上述议员、顾问或者议会委员会的成员要求提供、接受实际提供、接受许诺提供不应得的礼物或者其他利益，以之作为其不参与选举、投票或者

① 第 3666/2008 号法案修正。

以特定方式投票的回报条件的，处以相同的刑罚。

3. 如果作为交换条件的礼物或者其他利益的价值总额超过73000欧元的，对第1款和第2款规定行为的行为人处不超过10年的惩役。

第160条 扰乱会议罪

1. 以制造噪音或者以其他手段制造混乱的方式，干扰希腊议会及其委员会举行会议的，处不超过3年的监禁。

2. 以上述方式，故意地阻止或者扰乱县、省、大区的议会或者其他地方政府机构以及其下属的委员会举行会议的，处不超过1年的监禁或者罚金。

II. 选举犯罪

第161条 对选民实施暴力罪

在县、省、大区当局举行的选举中，以暴力或者暴力手段，威胁阻止选民行使选举权利，或者投票支持或者反对某一候选人的，处监禁。法院还可以附加适用第63条第1项剥夺相应的官职和职位。

第162条 欺骗选民罪

在第161条规定的选举中，以与候选人有关的虚假消息或者诽谤性谣言或者其他手段，欺骗选民不行使选举权利或者影响选举的民心的，处不超过2年的监禁，并处罚金。

第163条 侵犯投票秘密罪

在秘密投票中，力图为自己或者第三人获知选民所投的选票的，处不超过1年的监禁。

第164条　使选举失真罪

1. 在第161条规定的选举中，以无资格的人参加投票、重复投票、重复地给予选票或者其他方式意图导致不真实的选举结果，或者歪曲真实的选举结果的，处不超过2年的监禁。如果行为人是被委任在选举中提供服务的人员的，处不超过3年的监禁。

2. 第161条后段的规定，也适用于本罪。

第165条　选举贿赂罪

1. 在第161条规定的选举中，如果在选举公告至选举结束的期间内，作为选民不行使选举权利或者以特定方式行使权利的回报条件，向选民提议给予、实际给予或者承诺给予其不应得的礼物或者其他利益的，处不超过2年的监禁，并处罚金。第161条后段的规定，也适用于本种情形。

2. 在第161条规定的选举中，如果在本条前款所指的期间内，选民要求提供、接受实际提供、接受许诺提供不应得的礼物或者其他利益，作为不行使选举权利或者以特定方式行使权利回报的，处不超过2年的监禁，并处罚金。

第166条　扰乱选举罪

以制造噪音或者以其他手段制造混乱的方式，故意地扰乱第161条所指选举的举行的，处不超过1年的监禁。

第五章　侵害国家权威罪

第167条　抵制罪

1. 以暴力或者暴力威胁手段，强迫有权机关或者官员实施与职责有关的行为或者不实施与职责有关的合法行为，或者针对采取法律行动过程中的公务员或者在场提供协助的雇员或者其他公务员实施暴力的，处不少于1年的监禁金。对此类案件，不允许适用刑罚易科或者缓刑。

2．由携带武器或者可能造成伤害的物品的人实施，或者由蒙面或者歪曲面部特征的人实施，或者由多人共同实施，或者行为对所指向的人造成严重人身危险，如果其他条款没有规定更重的刑罚的，处不少于2年的监禁。

第168条　侵害共和国总统罪

1．针对希腊共和国的总统或者代行总统权力的人实施人身暴力的，处惩役。

2．侵害希腊共和国的总统或者代行总统权力的人的名誉，或者公开地或在其在场的情况下对其进行诋毁的，处不少于3个月的监禁。

3．第1款和第2款所规定的犯罪，在6个月期间届满后，不再追究刑事责任。

第169条　藐视罪

在被合法地提出要求后，在未实施抵制罪行为的情况下，拒绝向第13条a项所指的公务员提供依法应有的服务或者协助，或者拒绝其试图进入任何场所实施合法行动的，处不超过6个月的监禁。

第170条　骚乱罪

1．故意地参加意图共同实施第167条规定的任何行为的人群公开集会的，处不少于6个月的监禁。

2．骚乱的煽动者和使用身体暴力或者威胁使用身体暴力者，如果其他条款没有规定更重的刑罚的，处不少于2年的监禁。

第171条　藐视当局罪

1．参加有权机关依法予以禁止的户外公共集会的，处不超过6个月的监禁或者罚金。

2. 当负责的民事或者军事官员合法地命令户外的人群聚集解散时，其参加者在发出三次解散命令之后不脱离该集会的，处不超过1年的监禁或者罚金。

第172条 私放被羁押人罪

1. 故意地私自释放罪犯或者依据有权机关的命令被羁押的其他人员的，处不少于2年的监禁。①

2. 因为任何原因负责看管被羁押人的人过失地实施前款所指的行为的，处监禁。如果行为人在被羁押人脱逃之日起15日内尽其所能地将其抓获的，不追究任何刑事责任。②

第173条 羁押人脱逃罪

1. 罪犯或者依据有权机关的命令被羁押的其他人员脱逃的，处不超过1年的监禁。上述刑罚应当在其所逃避追诉的行为已被判处或者将被判处的刑罚服刑完毕后予以执行。

2. 其他人参与脱逃行为的，处不少于2年的监禁。③

如果参与脱逃者具有羁押人或者警察身份的，处不超过10年的惩役。④

第174条 羁押人暴乱罪

1. 罪犯或者依据有权机关的命令被羁押的其他人员联合地：

a）力图暴力脱逃；

b）利用工事袭击监狱或者拘留中心的官员或者受委托负责实施看管监督的人员；

---

① 第2479/1997号法案修正。
② 第3772/2009号法案修正。
③ 第2479/1997号法案修正。
④ 第3772/2009号法案新增。

c）力图以暴力或者威胁使用暴力手段强迫前述人员作为或者不作为的，处不超过10年的惩役。①

2．暴乱者对上述人员中的任何一人实施暴力的，处不超过10年惩役。②

3．上述刑罚应当在作为其羁押原因的行为已被判处或者将被判处的刑罚服刑完毕后予以执行。

第175条　冒充罪

1．故意地冒充国家、大区或者省的公务员履行公务的，处不超过1年的监禁或者罚金。

2．冒充司法人员履行职务或者冒充东正教或者其他在希腊为人所知的其他宗教的官员履行职务的，也适用第1款的规定。

第176条

在无权利的情况下，公开地穿戴国家、大区或者省的公务员或者第175条第2款规定的宗教人员制服其他识别标志，或者佩戴这些人员的勋章或使用其头衔的，处不超过6个月的监禁或者罚金。

第177条　妨害扣押罪

对被扣押物品故意地予以毁灭、破坏或者移除的，处不超过2年的监禁。

第178条　妨害有权机关封记罪

对有权机关用于查封或者保管密封的文书、物品或者确认这些文书、物品之性质的封印，故意擅自地予以破损、毁坏或者以其他方式去除的，处不超过2年的监禁。

---

① 第2479/1997号法案修正。

② 第2479/1997号法案修正。

第179条　妨害有权机关保管罪

对有权机关自己保管或者交付他人保管的文书或者其他物品，故意地予以毁灭、破坏或者以其他方式予以移除的，处不超过3年的监禁。

第180条　损毁官方告示罪

对有权机关公开张贴或者陈列的官方告示，故意擅自地予以移除、破坏或者毁灭的，处不超过1年的监禁或者罚金。

第181条　侵犯希腊国家标志罪

出于表达憎恨或者轻蔑的目的，移除、扭曲、毁坏、玷污国家的官方旗帜或者主权标志的，处不超过2年的监禁。

第182条　违反居留禁令罪

违反依法对其所适用的限制居住自由的禁令以及有关义务的，处不超过6个月的监禁。

第六章　危害公共秩序罪

第183条　煽动罪

以任何方式公开地怂恿或者煽动藐视法律、法令或者有权机关的其他合法命令的，处不超过3年的监禁。

第184条

公开地以任何方式怂恿或者煽动实施重罪或者轻罪的，处不超过3年的监禁。

第185条

公开地以任何方式赞扬已经实施的犯罪并且危及公共秩序的，处不超过3年的监禁。

第186条　煽动或者提议实施重罪或者轻罪罪

1. 任何人以任何方式煽动或者提议他人实施具体的重罪，

或者被煽动人或者被提议人接受其煽动或者提议的，处不少于3个月的监禁。

2. 以任何方式煽动或者提议他人实施具体的轻罪，或者被煽动人或者被提议人接受其煽动或者提议的，以所指轻罪的刑罚按照第83条的规定减轻处罚。

如果所指的轻罪是基于告诉提起追诉的犯罪的，则只有该轻罪计划指向的受害人提出告诉时，才能对本罪提起追诉。[①]

3. 如果对这些行为没有其他规定处以更重的刑罚的，按照前两款规定的刑罚处罚。

4. 如果行为人自动地撤回其煽动、提议或者撤销其接受的，对本条所指的行为可以不追究刑事责任。

第187条 犯罪集团罪[②]

1. 建立或者参加以实施下列重罪为目的的、由三人或者更多人组成的、持久进行活动的有组织的集团的，处不超过10年的惩役：[③] 古代文物和整体文化遗产保护法所规定的重罪、[④] 第207条（伪造货币罪）、第208条（流通伪造的货币罪）、第216条（伪造文书罪）、第218条（伪造或者滥用票证罪）、第242条（伪造或者歪曲文书罪）、第264条（放火罪）、第265条（在森林中放火罪）、第268条（决水罪）、第270条（爆炸罪）、第272条（违反爆炸物管理规定罪）、第277条（制造海难罪）、第279条（在水源或者食物中投毒罪）、第291条（危害铁路、船舶、航空交通安全罪）、第299条（故意杀人罪）、第310条（严

① 第3346/2005号法案修正。

② 第2928/2001号法案修正。

③ 第3064/2002号法案修正。

④ 第3658/2008号法案新增。

重伤害罪）、第322条（绑架罪）、第323条（贩卖奴隶罪）、第323条A（贩卖人口罪）、第324条（诱拐未成年人罪）、第327条（非自愿诱拐罪）、第336条（强奸罪）、第338条（趁机性侵害罪）、第339条（诱奸未成年人罪）、第348条A（儿童色情物品罪）、第351条（贩运人口从事卖淫罪）、第351条A（与未成年人实施有偿的淫荡行为罪）、第374条（加重盗窃罪）、第375条（侵占罪）、第380条（抢劫罪）、第385条（敲诈罪）、第386条（诈骗罪）、第386条A（计算机诈骗罪）、第404条（高利贷罪）以及有关毒品、枪支、爆炸物、对人有害的放射性物质之防护的立法中规定的重罪。

2. 针对法官、侦查人员、司法雇员、证人、鉴定人、翻译人，使用威胁、暴力或者贿赂手段，力图阻挠对前款规定行为的发现、追诉或者惩罚的，处不少于1年的监禁。

3. 建立或者参加以实施第1款规定以外的重罪为目的的犯罪团伙的，处不少于6个月的监禁；如果建立或者参加以实施可处以不少于1年的监禁的轻罪或者以获取经济利益、其他物质利益或者侵犯生命、身体完整、性自由的轻罪为目的犯罪集团的，处不少于3个月的监禁。

4. 出于为第1款规定的集团或者第3款规定的团伙所用或者为其成员获取经济利益或者其他物质利益的目的，生产、提供或者持有武器、爆炸物、化学物质、生物物质或者对人体释放有害辐射的物质的，构成刑罚加重情节。如果行为人未实施第1款或者第3款规定的犯罪组织意图实施之犯罪的，构成刑罚减轻情节。该犯罪集团或者犯罪团伙的成员，如果不具有获取经济利益或者其他物质利益的目的，而只是对第1款规定的集团或者第3款规定的团伙的建立或者参加提供单纯的精神协作的，不追究刑事责任。

5. 如果所意图实施的犯罪行为在国外由希腊公民实施，或者针对希腊公民、注册地在希腊的法人、希腊国家实施的，也应当适用本条的规定，即使根据行为地国的法律不应当追究刑事责任也不例外。

第 187 条 A 恐怖主义活动罪①

1. 除非属于本条第 8 款所指的情况，否则出于对公众进行恐吓的目的，或者出于非法地强迫公共机关、国际组织实施行为或者不实施行为的目的，或者出于严重破坏或者毁灭国家或者国际组织的宪法基本原则、政治经济结构的目的，实施下列一个或者多个犯罪，由于其手段、地点或者情境可能对国家或者国际组织造成严重损害的：

a）故意杀人罪（第 299 条），

b）严重伤害罪（第 310 条），

c）致命伤害罪（第 311 条），

d）绑架罪（第 322 条），

e）诱拐未成年人罪（第 324 条），

f）加重损毁罪（第 382 条第 2 款），

g）放火罪（第 264 条），

h）在森林中放火罪（第 265 条），

i）决水罪（第 268 条），

j）爆炸罪（第 270 条），

k）违反爆炸物管理规定罪（第 272 条），

l）具有公共危险的损毁罪（第 273 条），

---

① 第 3251/2004 号法案新增。

m）损毁安全设施罪（第275条），

n）制造海难罪（第277条），

o）在水源或者食物中投毒罪（第279条），

p）伪劣产品罪（第281条第1款），

q）危害交通安全罪（第290条），

r）危害铁路、船舶、航空交通安全罪（第291条），

s）第181/1974号法案“致电离辐射防护法”第8条第1款规定的犯罪（1974年第347A号国家公报），

t）第1815/1988号法案所批准的《航空法典》第161条、第162条、第163条、第164条、第165条、第168条、第169条、第170条、第173条、第174条、第178条、第179条、第180条、第181条、第182条、第183条、第184条和第186条所规定的犯罪（1988年第250A号国家公报），

u）“规定与武器、弹药、爆炸物、爆炸装置以及其他相关物质有关事项”的第2168/1993号法案第15条第1款、第2款和第17条第1款、第3款规定的犯罪（1993年第147A号国家公报），

v）“适用禁止适用化学武器公约”的第2991/2002号法案第4条第2款和第3款规定的犯罪（2002年第35A号国家公报），按照下列规定处罚：

i）如果对a项至v项规定的犯罪的法定刑为终身惩役的，处终身惩役。在此种情形下，追诉时效期间为30年。

如果被判处终身惩役的罪犯已服刑25年的，可以对之适用第105条至第110条的规定。

ii）如果对a项至v项规定的犯罪的法定刑为有期惩役的，处不少于10年惩役。

iii）如果对a项至v项规定的犯罪的法定刑为监禁的，处不

少于 3 年的监禁。

如果恐怖主义行为造成多人死亡的，适用第 94 条第 1 款的规定。

2．如果同时具备第 134 条至第 137 条规定的情况的，不适用前款的规定。

3．除非属于本条第 8 款规定的情况，否则实施第 1 款所指犯罪使社会安全受到严重威胁并且因此造成恐慌的，处不少于 2 年的监禁。本罪的未遂，亦罚之。

4．建立或者参加以实施第 1 款规定的犯罪为目的的、由三人或者更多人组成的、持久进行活动的有组织的集团（恐怖组织）的，处不超过 10 年的惩役。出于为该恐怖组织所用的目的，生产、提供或者持有武器、爆炸物、化学物质、生物物质或者对人体释放有害辐射的物质的，构成刑罚加重情节。如果该恐怖组织未实施第 1 款 a 项至 v 项规定的任何犯罪的，构成刑罚减轻情节。

5．指挥前款规定的恐怖组织的人，处不少于 10 年的惩役。

6．出于第 3034/2002 号法案（2002 年第 168A 号国家公报）第 1 条第 1 款规定的目的，向恐怖主义犯罪组织或者个人恐怖主义分子提供情报或者物质资源或者以任何方式为之接受、募集、持有、管理资金，为其实施第 1 款、第 3 款或者第 4 款规定的行为提供便利或者援助的，处不超过 10 年的惩役。①

7．出于预备实施第 1 款规定的犯罪的目的实施加重盗窃罪（第 374 条）、抢劫罪（第 380 条第 1 款和第 3 款）、针对公文实施的伪造文书罪（第 216 条）或者敲诈罪（第 385 条），处惩役，

① 第 3691/2008 号法案修正。

但按照敲诈罪可以判处更重的刑罚的除外。如果所实施的行为是轻罪的，处不少于3年的监禁。

8．出于表明建立民主政府或者维护、恢复宪法第5条第2款规定的自由之努力的目的，或者出于意图行使宪法或者《欧洲保护人权与基本自由公约》规定的基本的个人权利、政治权利、劳动结社权利或者其他权利的目的，实施第1款规定的一个或者多个犯罪的，不属于本条前述各款所指的恐怖主义行为。（第53/1974号法案，1974年第256A号国家公报）。

9．第187条第2款的规定，适用于本条前述各款规定的犯罪。

第187条B　从宽情节①

1．因为实施第187条第1款和第3款规定的建立、参加犯罪集团或者犯罪团伙的行为或者第187条A第4款规定的建立、参加恐怖主义组织的行为而应当承担刑事责任的任何人，如果以向有权机关报告的方式阻止所计划之犯罪的实施或者以相同的方式对该犯罪集团或者犯罪团伙的取缔作出重要贡献的，免除其对这些行为的刑事责任。

如果尚未提起刑事追诉的，地方法院的检察署应当根据《刑事诉讼法典》第43条第2款的规定，作出理由充分的不提起追诉的决定，并且将卷宗移交上诉法院检察署。

2．在前款所指的情况下，如果行为人已经实施第187条第1款、第3款所意图实施的犯罪或者已经实施第187条A第1款规定的犯罪的，法院按照第83条的规定减轻刑罚。在特殊情况下，在考虑所有的情节尤其是犯罪集团、犯罪团伙、恐怖主义组织的

① 以前的第187条A，第2928/2001号法案新增；第3251/2004号法案修正。

危险程度、行为人的参与程度以及对犯罪组织的取缔所作贡献的程度的基础上，法院可以决定对之予以缓刑，期间为 3 年至 10 年，其余事项适用第 99 条至第 104 条的规定。

3. 对告发第 187 条规定的犯罪集团所实施的犯罪的任何人，如果告发很可能属实的，在获得上诉法院检察官的批准后，地方法院的检察官可以决定暂时停止对其违反《移民法》的行为进行追诉，期间直至对其所告发的行为作出最终确定的判决时止。如果该告发被证明属实的，对其免予追诉的决定最终生效。

4. 非法居留于希腊的外国人告发第 187 条规定的犯罪集团所实施的犯罪的，在获得上诉法院检察官的批准后，地方法院的检察官可以决定暂时停止对其适用驱逐出境，期间直至对其所告发的行为作出最终确定的判决时止。在暂缓驱逐出境期间，不受《移民法》的约束，给予其外国人居留许可。

第 188 条　参加非法社团罪

参加其宗旨违反刑法的社团的，处不超过 3 年的监禁。

第 189 条　扰乱公共秩序罪

1. 为实现共同目的而联合行动之公共人群集会的参与者，对他人的人身或者财产实施暴力，或者非法地侵入他人的住宅、寓所或者其他不动产的，处不超过 2 年的监禁。

2. 煽动者和实施暴力行为者，处不少于 3 个月的监禁。

3. 如果实施行为时蒙面或者歪曲其面部特征的，对第 1 款所指的行为的行为人，处不少于 2 年的监禁；对第 2 款所指行为的行为人，处不超过 10 年的惩役。①

4. 如果对这些行为没有其他规定处以更重的刑罚的，按照

① 第 3772/2009 号法案新增。

前述各款的刑罚处罚。[①]

第 190 条　扰乱社会安宁罪

以威胁实施重罪或者轻罪的手段在人们中引起焦虑或者恐慌的，处不超过 2 年的监禁。

第 191 条

1. 以任何方式散布可能在民众中导致不安或恐慌，或者扰乱公共信用，或者削弱国家货币或者国家武装力量的公信力，或者损害希腊的国际关系的虚假消息或者谣言的，处不少于 3 个月的监禁，并处罚金。如果通过新闻媒体反复地实施本罪的，处不少于 6 个月的监禁，并处不少于 590 欧元的罚金。

2. 过失地实施前款所规定的任何行为的，处不超过 1 年的监禁或者罚金。

第 192 条

以任何方式公开地挑衅或者劝诱人们相互之间实施暴力行为或者处于相互冲突之中，并且因此扰乱公共安宁的，如果其他条款没有规定更重的刑罚，处不超过 2 年的监禁。

第 193 条　可归责地陷入醉态罪

1. 不属于第 35 条规定情形的任何人故意或者过失地使自己陷入第 34 条所规定的不可归责状态，并且在此状态下实施其他本来应当作为重罪或者轻罪追究刑事责任的行为的：如果该行为是轻罪的，处不超过 6 个月的监禁；如果该行为是重罪的，处不超过 2 年的监禁。

2. 如果实施的行为只能依据告诉提起追诉的，只有在提出告诉后才能进行追诉。

---

① 第 189 条第 3 款。

第 194 条　为履行金钱刑请求捐款罪

被法院判处金钱刑、赔偿损失或者支付诉讼费用的人，出于对该判决表达不满的目的，请求公众捐款以支付这些费用，或者出于该目的公布捐款者的姓名的，处不超过 6 个月的监禁或者罚金。

第 195 条　训练武装组织罪

在无权利的情况下，建立非以实施犯罪为目的的武装组织，或者向其提供弹药，或者领导该武装组织，或者参加该武装组织的，处不少于 6 个月的监禁。

第 196 条　滥用宗教职务罪

宗教工作人员在履行其职务的过程中或者公开地利用其身份，怂恿或者煽动人们憎恨国家有权机关或者其他公共机构的，处不超过 3 年的监禁。

第 197 条　扰乱会议罪

1. 在未妨害公共安宁的情况下，擅自阻止为履行公共事务而依法建立的官方机构、依法进行活动的政党、被法律或者有权机关承认的团体、法人的代表大会或者董事会举行会议，或者以制造噪音、混乱或者以其他手段严重地干扰议会举行的，处不超过 2 年的监禁。

2. 如果针对法院的法庭审判实施该行为的，处不少于 6 个月的监禁。

第七章　损害宗教安宁罪

第 198 条　恶意亵渎上帝罪

1. 以任何方式公然地恶意亵渎上帝的，处不超过 2 年的监禁。

2. 以第1款以外的亵渎方式公然地表达对神的不敬的，处不超过3个月的监禁。

第199条　亵渎宗教罪

以任何方式恶意地公开亵渎希腊东正教或者在希腊被接受的任何其他宗教的，处不超过2年的监禁。

第200条　妨碍宗教集会罪

1. 对为宪法所接受的宗教为礼拜或者典礼所举行的宗教集会，恶意地力图阻止或者故意地进行干扰的，处不超过2年的监禁。

2. 在宪法所接受的宗教的教堂或者其他宗教聚会场所，侮辱性地实施不得体行为的，处以相同的刑罚。

第201条　亵渎逝者罪

擅自地将逝者的尸体、尸体的组成部分或者骨灰从有资格对之进行保管的人处取走，或者对这些物品或者坟墓侮辱性地实施不得体行为的，处不超过2年的监禁。

第八章　有关兵役和征兵条件的犯罪

第202条　煽动违反兵役义务罪

1. 以任何方式故意地怂恿或者煽动正在服兵役的人不履行其服役义务的，处不超过3年的监禁。

2. 故意地怂恿或者煽动有义务在军队征召时参加军队的人不接受征召的，处以相同的刑罚。

3. 在战时、武装叛乱、军事总动员时实施前两款所指的行为的，处不超过10年的惩役。

4. 对上述行为，如果其他条款没有规定更重的刑罚的，按照前述各款的刑罚处罚。

第 203 条 人为地造成不能服兵役状态罪

1. 故意地使自己或者帮助他人以截肢或者其他任何方法，陷入不能服兵役状态而逃避被征召服兵役（无论是全部或者部分逃避，或者是永久或者暂时地逃避）的，处不超过 2 年的监禁。法院可以同时适用剥夺政治权利。

2. 基于他人的请求故意地对其造成此种无能力状态，如果其他条款没有规定更重的刑罚的，处不超过 2 年的监禁，并处罚金。

3. 在战时、武装叛乱、军事总动员时实施前两款所指的行为，如果其他条款没有规定更重的刑罚的，处不超过 10 年的惩役。

第 204 条 欺诈性地逃避征召罪

使用欺诈手段使自己或者他人逃避被征召服兵役（无论是全部或者部分逃避，或者是永久或者暂时地逃避），如果其他条款没有规定更重的刑罚的，处不超过 1 年的监禁。法院可以同时适用剥夺政治权利。

第 205 条 非法移民逃避征召罪

1. 未经准许出国逃避征召，或者在国外的人不及时地报到以履行其兵役义务，如果其他条款没有规定更重的刑罚的，处不超过 1 年的监禁或者罚金。

2. 在未获得兵役法所要求的许可的情况下出国的，处不超过 6 个月的监禁或者罚金。

第 206 条 为外国征兵罪

招募希腊公民到外国服兵役或者以任何方式对之提供帮助的，处监禁。

第九章　妨害货币罪

第207条　伪造货币罪①

对由国家发行或者由发行机构发行的希腊或者外国的硬币或者纸币，在其合法流通之前或者在被有权机关接受用作交换手段期间，出于作为真币投入流通的目的，予以伪造或者变造，或者出于相同的目的购买、接受、进口、出口、转让、持有这类货币的，处不少于10年的惩役，并处罚金。如果情节较轻的，处不少于3个月的监禁，并处罚金。

第208条　流通伪造的货币罪

1．对伪造的国家或者发行机构的希腊或者外国的硬币或者纸币，在相应的真实的货币合法流通之前或者在被有权机关接受用作交换手段期间，将其作为真实的货币投入流通的，处不少于10年的惩役，并处罚金。如果情节较轻的，处不少于3个月的监禁，并处罚金。②

2．但是，如果行为人或者其代表人在实施前款所指的行为之前是将这些伪造的货币作为真实的货币而接受的，处不超过6个月的监禁或者罚金。如果行为人是基于其所隶属的人或者在同一家庭生活的人的命令而实施该行为的，处以相同的刑罚。

第208条A③

在未获得有权机关许可或者超过授权范围的情况下，在相应的货币合法流通之前或者在被有权机关接受用作交换手段期间，出于投入流通的目的，故意地使用合法的设备或者原料制造硬币

---

① 第2948/2001号法案修正。

② 第2948/2001号法案修正。

③ 第2948/2001号法案新增。

或者纸币，或者在明知的情况下获取或持有这些货币的，按照第208条第1款规定的刑罚处罚。

第209条 残损硬币罪

出于将其作为仿佛具有完整内在价值的硬币投入流通的目的，以切割、穿孔或者其他方法减少金属货币的内在价值，或者出于同样的目的获取这些残损的硬币的，处不少于3个月的监禁，并处罚金。

第210条 流通残损的硬币罪

1. 故意地将残损的硬币作为仿佛具有完整内在价值的硬币投入流通的，处不少于3个月的监禁，并处罚金。

2. 但是如果行为人或者其代表人在实施前款所指的行为之前是将这些残损的货币作为原始的货币而接受的，处不超过6个月的监禁或者罚金。如果行为人是基于其所隶属的人或者在同一家庭生活的人的命令而实施该行为的，处以相同的刑罚。

第211条 预备行为①

出于实施第207条和第209条规定的任何犯罪的目的，制作、获取、持有用于该目的的设备、用品、计算机程序、其他工具以及用于防伪的立体全息图或货币的其他组成部分的，处不少于1年的监禁，并处罚金。

第212条

如果前款规定的行为人在使用之前主动地销毁所列的物品的，不追究刑事责任。

第213条 没收

1. 伪造或者残损的货币以及第211条规定的设备、用品、工

① 第2948/2001号法案修正。

具，即使没有特定的人因此被追诉并被宣告有罪，也无论其是否归行为人或其同谋者所有，都应当决定予以没收。

2. 但是，如果这些货币或者用于制造这些货币的原料的所有人被证明未参与伪造货币、残损货币或者将不再流通的货币当做货币的，事后返还给该所有人。

第 214 条　视同货币的票据或者其他证券

在本章的适用中，对承诺支付特定金额的票据、股票、临时股权凭证、息票、附息票债券而言，如果这些证券是无记名的并且是由有签发权利之人或者看起来好像是该有权之人签发的，视为纸币。

第 214 条 A　累犯①

在对第 207 条至第 211 条和第 214 条规定的犯罪适用本法典第 88 条至第 93 条的规定时，应当将其他欧盟成员国法院所作出的效力确定的判决也考虑在内。

第 215 条　非法发行无记名债券罪

在希腊境内非法地发行承诺支付特定金额的无记名债券的，处不超过 2 年的监禁。

第 215 条 A②

1. 生产、出售、出于出售或者其他商业目的输入或者分发具有下列特征的金属牌或者代币券的：

a）带有“欧元”、“欧分”字样或者欧元标志；或者

b）具有根据 2004 年 12 月 6 日第 2182/2004 号欧盟指令第 1 条 f 项所确定的“参考范围”内的规格（2004 年 12 月 21 日第 373/1 号欧盟公报）；或者

① 第 3663/2008 号法案新增。

② 第 221/2005 号总统法令新增。

c）具有与欧元硬币的共同正面或者国家背面特征相似的外表，或者具有与 2 欧元硬币边缘特征相同或者相似的外表的，处 1000 至 20000 欧元罚金。

2. 如果属于上述指令第 3 条所规定的例外情况或者根据该指令第 4 条被给予特别授权的，对上述行为不追究刑事责任。

3. 在 2009 年结束以后继续使用在 2004 年 12 月 21 日之前发行的不符合该欧盟指令第 2 条、第 3 条、第 4 条规定的条件的金属牌或者代币券的，处以相同的刑罚。

第十章　危害文书罪

第 216 条　伪造文书罪

1. 出于用于误导他人的目的，伪造或者变造可能具有法律后果的文书的，处不少于 3 个月的监禁。如果还使用该文书的，视为本罪的加重情节。

2. 出于上述目的，故意地使用这些伪造的或者变造的文书的，处以相同的刑罚。

3. 如果行为人意图损害第三人为自己或者他人获取财产利益或者意图损害他人利益而实施第 1 款和第 2 款规定的行为，并且利益或者损失的价值总额超过 73000 欧元的，处不超过 10 年的惩役。[①]

行为人职业地或者惯常地实施伪造文书行为，并且利益或者损失的价值总额超过 15000 欧元的，处以相同的刑罚。[②]

第 217 条　伪造证明罪

1. 出于为自己或者他人的直接生计、业务活动或者社会晋

① 第 2721/1999 号法案修正。

② 第 2721/1999 号法案新增。

升提供便利的目的，伪造或者变造通常用于该目的的证明、许可证或者其他文书，或者在明知的情况下使用这些伪造或者变造的文书的，处不超过1年的监禁或者罚金。

2. 出于与前款相同的目的，使用真实的却是签发给他人的此种文书的，处以相同的刑罚。

第218条　伪造或者滥用票证罪

1. 任何人：

a）出于将其当做真实印章予以行使的目的，伪造或者变造表示一定价值的官方票证，尤其是邮票、印花或者其他票证的；

b）在明知的情况下当做真实的票证予以使用的；

c）为此目的而对之予以获取、待售或者投入流通的，处不超过10年的惩役。

2. 出于重新用于待售或者投入流通的目的，在明知的情况下获取已经被使用过的表示一定价值的官方票证的，处不超过1年的监禁或者罚金。

3. 为了实施前述任何行为，制作、获取、交付用于该目的的设备、仪器、工具的，处不超过2年的监禁。

4. 对伪造的票证、重新使用的票证或者意图重新使用的票证，法院应当予以没收；即使没有特定的人因此被追诉或者被认定有罪，法院也可以决定没收前款所指的设备和工具。

第219条

第212条的规定也相应地适用于第218条第3款规定的情况。

第220条　获取伪造的文书罪

1. 以欺诈手段获取陈述虚假事实的可能具有法律后果的公文，或者使用这些虚假陈述欺诈与该事实有关的他人，如果其他条款没有规定更重的刑罚的，处3个月至2年监禁。

2. 如果符合第216条第3款规定的条件的，处不少于3个月的监禁。

第221条　伪造医疗证明罪

1. 医生、牙医、兽医、药剂师、助产士在明知的情况下签发用以向国家的、大区的、省的有权机关、公法人、保险公司提供信用的虚假证明或者可能损害他人的合法重大利益的虚假证明的，处不超过2年的监禁，并处罚金。如果这些人员签发用于司法目的的此种虚假证明的，处不少于6个月的监禁，并处罚金，同时剥夺第63条第1项所述官职或者职位，还应当禁止执业1个月至6个月。

2. 使用这些伪造的证明欺骗国家的、大区的、省的有权机关、公法人或者保险公司的，处不超过1年的监禁。如果这些证明被用于司法目的的，对使用人处不少于3个月的监禁。

第222条　藏匿或者损毁文书罪

出于损害他人的目的，对不归其所有的、其不是唯一所有人的或者他人依据民法的规定有权要求其交付或者出示的文书，予以隐匿、破坏或者毁灭的，处不超过2年的监禁。

第223条　移动界标罪

1. 出于损害他人利益的目的，对界标或者其他用于确定土地范围、数量或者水域划分的其他标志，予以移除、设置、不能识别地变更、虚假地放置的，处不超过2年的监禁。

2. 如果该行为未造成其预期的结果的，处不超过3个月的监禁或者罚金。

第十一章　妨害司法管理罪

第224条　宣誓伪证罪

1. 民事诉讼的当事人在明知的情况下提供宣誓伪证的，处不少于1年的监禁。①

2. 向有权机关宣誓作证的证人，在作证或者就其所提供的证言接受询问时，故意提供虚假陈述或者否认、隐匿事实的，处以相同的刑罚。

3. 向教会的神职人员宣誓、不允许宣誓的宗教的信徒以法律允许的方式出具的保证、替代宣誓的按照程序出具的任何其他证明，视为宣誓。

第225条　未宣誓虚假陈述罪②

1. 有下列情形的，处不少于1年的监禁：

a）作为当事人或者证人被有权机关询问的人在未宣誓的情况下，在询问中故意地提供虚假陈述或者否认、隐瞒事实的；

b）预备在法庭宣誓作伪证，但因为其他当事人临时地接受其所指内容而未宣誓的。

2. 在任何其他情况下接受有权机关或者指定机关的询问或者引证该询问时，故意地提供虚假陈述或者否认、隐瞒事实的，处不少于1年的监禁或者罚金。出现在有权机关面前的证人固执地拒绝提供证言或者提供宣誓证言的，处以相同的刑罚。

第226条　鉴定人或者翻译人伪证罪

1. 鉴定人或者翻译人在明知的情况下宣誓提供虚假鉴定意

---

① 第3327/2005号法案修正。

② 第3327/2005号法案修正。

见或者翻译，或者隐瞒真相的，处不少于2年的监禁。[①]

2. 第67条的规定相应地适用于本罪。

3. 如果鉴定人或者翻译人在未宣誓的情况下提供虚假鉴定意见或者虚假翻译的，处不少于2年的监禁。[②]

第227条

1. 对第224条和第226条第1款规定的罪犯，应当剥夺政治权利1至5年。[③]

2. 如果行为人主动地以新的陈述向同一机关撤回其先前的虚假陈述的，对第225条规定的行为不追究刑事责任。但如果有权机关已经对之作出决定或者已经造成其他有害法律后果的，该撤回不能免除行为人的刑罚。

3. 如果行为人是出于避免本人或者亲属被追究刑事责任的目的，而实施第224条第2款和225条规定的行为的，法院可以免除其刑事责任。

第228条　引诱伪证罪

1. 故意地怂恿他人提供第224条规定的宣誓伪证，如果其他条款没有规定更重的刑罚的，处不超过2年的监禁。

2. 力图以任何方式说服他人实施第224条或者第226条第1款规定的犯罪的，处不超过3年的监禁。

第229条　诬告罪

1. 出于给他人造成困扰的目的，在明知的情况下虚假地指控他人或者向有权机关告发他人实施了犯罪或者违反纪律行为

---

① 第3327/2005号法案修正。

② 第3327/2005号法案修正。

③ 第3327/2005号法案修正。

的，处不少于 1 年的监禁。[①]

2. 出于相同的目的，在明知的情况下以提供证据、破坏证据或者隐匿证据的手段虚假地使他人遭受实施犯罪或者违反纪律行为的重大嫌疑的，处以相同的刑罚。

3. 基于被害人的请求，法院可以批准公布判决，并由被判刑人承担公布费用。

4. 如果被害人在最终确定的判决送达之后 3 个月之内不提出公布请求的，要求由被判刑人负责费用公布判决的权利消灭。

第 230 条

在明知的情况下，虚假但不指向特定嫌疑人地向有权机关声称发生了重罪或者轻罪的，处不超过 2 年的监禁。

第 231 条　包庇罪犯罪

1. 在明知的情况下，使他人免受其所实施的重罪或轻罪的追诉或者免受对其所适用的刑罚或者第 69 条至第 76 条、第 122 条规定的保安处分的，处不超过 3 年的监禁。

2. 如果行为人是针对其家庭成员实施其行为的，对包庇行为不追究刑事责任。

第 232 条　不告发犯罪罪

1. 任何人在确切地获知蓄意的重罪已经开始实施的情况下，不及时地向有权机关告发，而如果该及时告发能够阻止其实施或者阻止犯罪结果的发生，并且该重罪的实施既遂或者未遂的，无论所不告发的行为人是否被追究刑事责任，对该不告发人处不超过 3 年的监禁。

2. 如果应当向有权机关告发的行为涉及其亲属的，对其不

---

① 第 3327/2005 号法案修正。

告发行为不追究刑事责任。

第232条A[①]

1. 对要求其不可擅自地与第三人或者机构实施一定的作为、不作为或者容认一定行为为内容的法院的临时禁令、法院判决、司法决定，或者检察官就私人和国家机关、地方机关、其他公法人之间的财产分配问题所作出的临时裁决，故意地不予遵守，如果其他条款没有规定更重的刑罚的，处不超过6个月的监禁。[②]

2. 如果该拒绝遵守命令的人依赖履行其技术、艺术、科学职位以恢复婚姻或者扶养关系并且其拒绝不是出于恶意的，不应当适用前款的规定。

第233条 律师背信罪

律师或者其他法律顾问故意地损害其依法进行保护之人的利益，或者在同一法律案件中以建议或者服务的方式同时或者相继地为双方当事人提供帮助的，处不超过3年的监禁。但是，如果在与利益冲突方合谋之后实施行为或者出于追逐利益的目的实施行为的，处不少于3个月的监禁。

第234条 侵犯法院庭审秘密罪

对以不公开方式进行的法庭庭审记录或者这种诉讼中的文书以任何方式予以公开，除非该诉讼程序准许被公开，否则处不超过6个月的监禁或者罚金。

---

① 第2479/1997号法案新增。

② 第3719/2008号法案修正。

第十二章　公务犯罪

第 235 条　受贿罪[①]

1. 公务员因为将来实施或者已经实施的、职责范围内或者违背职责的作为或者不作为，而直接或者通过中间人，为自己或者第三人违背职责地向他人索取、接受任何种类的利益，或者接受他人给予利益的许诺的，处不少于 1 年的监禁。

2. 如果礼物或者利益的价值总额超过 73000 欧元的，处不超过 10 年的惩役。

第 236 条　行贿罪[②]

1. 任何人因为公务员将来实施或者已经实施的、职责范围内或者违背职责的作为或者不作为，而直接或者通过中间人，向该公务员或者第三人许诺给予或者实际给予任何种类的利益的，处不少于 1 年的监禁。

2. 如果礼物或者利益的价值总额超过 73000 欧元的，处不超过 10 年的惩役。

3. 如果行为人在主要行为被讯问之前主动地就其行为向检察官、预审官、其他有权机关提交书面报告或者被记录的口头陈述的，不追究刑事责任。在这种情况下，可以适用没收或者已经交给侦查人员的礼物或者利益，可以归还给行为人而不适用第 238 条的规定。

第 237 条　司法贿赂罪[③]

1. 依法履行司法职责的人或者仲裁人，因为对其指定由其

---

① 第 2802/2000 号法案修正；第 3666/2008 号法案修正。

② 第 2802/2000 号法案修正；第 3666/2008 号法案修正。

③ 第 3327/2005 号法案修正；第 3666/2008 号法案修正。

处理的案件作出对某人有利或者不利的处理，索取、接受不应得的礼物或者任何其他利益，或者接受他人给予这些利益的许诺的，处不少于1年的监禁。

2. 如果礼物或者利益的价值总额超过73000欧元的，处不超过10年的惩役。

3. 任何人出于上述目的，向第1款所指的任何人员或者其亲属提议给予、许诺给予、实际给予、居间给予这种礼物或者利益的，按照下列规定处罚：

a）处不少于1年的监禁；

b）如果礼物或者利益的价值总额超过73000欧元的，处不超过10年的惩役。

4. 如果行为人在主要行为被讯问之前主动地就其行为向检察官、预审官、其他有权机关提交书面报告或者被记录的口头陈述的，不追究刑事责任。在这种情况下，可以适用没收或者已经交给侦查人员的礼物或者利益，可以归还给行为人而不适用第238条的规定。

第238条　对贿赂的没收

对第235条、第236条、第237条规定的礼物或其价值，应当判决予以没收。

第239条　滥用追诉或者侦查权力罪

负责对犯罪进行起诉或者侦查的公务员：

a）非法地对被告人、证人、鉴定人使用强制手段以获取书面或者口头的证据的，如果按照第137条A和第137条B的规定不能处以更重的刑罚的，处不少于1年的监禁；

b）在明知的情况下，对无辜的人进行追诉或者处刑，或者对所发现的应当承担刑事责任的人不追诉或者使其不受刑罚的，处不超过10年的惩役。

第240条　非法执行刑罚罪

1. 负责执行刑罚的公务员在明知的情况下非法地执行刑罚或者不执行刑罚的，处不少于1个月的监禁。

2. 如果非法执行刑罚是由于过失导致的，处不超过1年的监禁或者罚金。

第241条　侵入住宅罪

公务员利用其公务员身份，在法律许可的情形之外或者违背法定程序的情况下，违背他人意志进入其住宅的，处3个月至2年的监禁。

第242条　伪造或者歪曲文书罪

1. 负责签发或者起草公文的公务员，故意地签发或者起草公文证明可能具有法律后果的虚假事实的，处不少于1年的监禁。

2. 公务员对因为其职务而被托付或者可以接触的文书，故意地变造、毁灭、破坏或者隐匿的，处以相同的刑罚。

3. 如果行为人出于为自己或他人获取不正当利益或者非法地损害他人利益的目的实施第1款和第2款规定的行为，并且该利益或者损失的价值总额超过73000欧元的，处惩役。①

4. 在明知的情况下对被变造、毁灭、破坏、隐匿的文书予以使用的，按照第1款所规定的刑罚处罚。

第243条　不审核文书主体身份罪

负责签发或者起草公文的公务员，在签发或者起草公文时不按照法律规定的要求对其上署名人员的身份进行审核的，处不超

① 第2408/1996号法案补充；第2721/1999号法案修正。

过3年的监禁。

第244条 非法收取罪

在明知不应当征收的情况下征收税款、关税、规费或者任何其他捐费、费用、权利的，处不少于3个月的监禁。

第245条

1. 公务员委托其任命的秘书或者助手实施第244条规定的收取行为，如果在明知的情况下正式地接受其中不应当征收的数额的，处以第244条所规定的刑罚。

2. 如果这些秘书或者助手在明知不应当征收的情况下实施前述收取行为的，处不超过2年的监禁。

第246条

递送金钱或者其他财产的公务员，在明知的情况下故意地对全部或者部分的被递送的金钱或者财产予以扣留，但不构成第258条规定之罪的，处监禁。

第247条 公务员罢工罪

1. 出于妨碍或者阻止公务履行的目的，不少于三人的公务员共同谋议就下列事项作出共同决定：

a）请求辞职；或者

b）不履行被委托的公务；或者

c）疏于履行其职责；或者

d）以任何方法就宣布罢工、威胁宣布罢工、与接受罢工请求直接或者间接有关的其他事项一致行动，处不少于1年的监禁。

2. 公务员加入前款所指的行动的，处以相同的刑罚。

3. 决定宣布罢工的公务员工会或者公务员团体的领导人，处不少于3个月的监禁，并处罚金。应当由被判刑的该工会或者团体领导人个人支付该罚金。

4. 因为实施第1款至第3款规定的任何行为而被判处任何刑罚的，同时意味着被有期剥夺第61条至第65条规定的政治权利。

第248条　邮政工作人员违反职责罪

邮政工作人员对因为其职务而可以接近的被委托给邮局的信件或者其他物品予以非法地开启、隐匿、损毁，或者在明知的情况下准许他人实施这些行为、帮助他人实施这些行为或者将被封缄的这些物品的内容泄露给第三人的，处不少于1年的监禁。

第249条　电报工作人员违反职责罪

电报工作人员对因为其职务而可以接近的被委托给电报局的电报予以非法地开启、隐匿、损毁，或者在明知的情况下准许他人实施这些行为、帮助他人实施这些行为或者将因为其职务而知悉的电报内容告知第三人的，处不少于1年的监禁。

第250条　电话工作人员违反职责罪

电话工作人员将所获悉的电话服务内容告知第三人，或者在明知的情况下准许第三人窃听电话通信的，处不少于1年的监禁。

第251条　侵犯司法秘密罪

1. 依法执行司法职责的人员，将其所参与的会议或者投票的秘密泄露给他人的，处不超过2年的监禁。

2. 因为其职务而出席这些会议或者投票的人员，将其秘密泄露给他人的，处以相同的刑罚。

第252条　侵犯公务秘密罪

除第248条、第249条、第250条和第251条规定的情况下，公务员出于为自己牟利或者损害国家或者他人的目的，违反其义务让他人知悉：

a）只能因为其公务而知悉的情况；或者

b）因为其公务而被托付或者可以接近的文书的，处不少于3个月的监禁。

第253条

如果公务员在离职之后实施第248条至第252条规定的侵害秘密行为的，应当按照这些条款追究刑事责任。

第254条 不受理或者忽视案件事实罪

公务员出于为自己或者他人获取不正当利益或者损害他人利益的目的，无法定理由地拒绝受理案件或者在明知的情况下忽视案件中的事实和行为的，处不少于3个月的监禁。

第255条 非法参与罪

公务员直接或者间接地（尤其是使用他人的面容或者秘密操纵）参与其履行职责所指向的投标、租赁、拍卖或者其他行为的，处不超过2年的监禁，并处罚金。

第256条 职务背信罪①

负责认定、征收、管理税收、关税、规费或者任何其他捐费、财政收入的公务员，在明知的情况下出于为自己或者他人牟利的目的，减损受委托管理的国家的、大区的、省的财产的，按照下列规定处罚：

a）处不少于6个月的监禁；

b）如果减损数额特别巨大的，处不少于2年的监禁；

c）如果有下列情形的，处不超过10年的惩役：

i）行为人使用诡计骗术并且减损财产价值总额特别巨大超过15000欧元的；或者

① 第2721/1999号法案修正。

ii）行为对象的总价值超过73000欧元的。

第257条　利用受托财产罪

公务员对因为其公务而受委托的金钱或者物品，在非故意的情况下，为了自己的利益予以占有、背信转让、以其他方法处分或者交由他人使用的，处罚金或者不超过1年的监禁。

第258条　职务侵占罪[①]

公务员非法地侵占因为其身份而获取或者持有（即使其没有该种权力也不例外）的金钱或者其他动产的，按照下列规定处罚：

a）处不少于6个月的监禁；

b）如果行为对象价值特别巨大的，处不少于2年的监禁；

c）如果具有下列情形的，处不超过10年的惩役：

i）行为人使用诡计骗术并且减损财产价值总额特别巨大超过15000欧元的；或者

ii）行为对象的总价值超过73000欧元的。

第259条　违背职责罪

公务员故意地违反公务规定条件，为自己或者他人获取非法利益或者损害国家或者他人利益的，如果不构成任何其他条款规定的犯罪，处不超过2年的监禁。

第260条　不服从上级命令罪

军事指挥官、军官、士官或者警官在政治机关依法向其提出要求的情况下，不集合并动用归其指挥的军事力量或者警察力量的，处不超过3年的监禁。

---

① 第2721/1999号法案修正。

第 261 条 说服或者容认其他公务员实施犯罪罪

公务员力图说服隶属于其或者受其所从事的公务支配的其他公务员实施第 235 条至第 260 条规定的任何犯罪，或者在明知的情况下容认其实施这些犯罪的，如果其他条款没有规定更重的刑罚的，处不少于 2 年的监禁。

第 262 条 一般规定

如果公务员正在履行公务或者利用其身份故意地实施本刑法典分则所规定的重罪或者轻罪的，对其所实施行为的法定最高刑加重 1/2，但不能超过对该种刑罚所共同规定的最高上限。

第 263 条

法院在对第 235 条至第 261 条规定的行为判处不轻于 3 个月监禁的刑罚时，还可以同时判决有期剥夺第 61 条所指的政治权利。

第 263 条 A

第 235 条、第 236 条、第 239 条、第 241 条、第 242 条、第 243 条、第 244 条、第 245 条、第 246 条、第 252 条、第 253 条、第 255 条、第 256 条、第 257 条、第 258 条、第 259 条、第 261 条、第 262 条、第 263 条中的公务员，除了第 13 条所指的人员外，还包括市长、镇长和永久或者暂时地以任何身份在下列机构中服务的人员：

a）归国家、政府机构、公法人或者私法人所有的向公众提供或者供应水、电、热、动力、交通工具、大众传媒的公司或者机构；

b）依据法律或者章程在希腊注册的银行；

c）前两项所指的法人设立的私法人，如果上述发起设立法人参与其管理、在属于有限责任公司的情况下参与出资或者被设立的私法人负责执行国家经济复兴或者发展计划的；

d）根据现行法律规定能够得到政府、公法人、上述银行的补贴或者资金的私法人。

第十三章 危害公共安全罪

第 264 条 放火罪

故意造成火灾的，按照下列规定处罚：

a）如果该行为可能对他人的财产造成公共危险的，处不少于 2 年的监禁；

b）如果该行为可能对人身造成危险的，处惩役；

c）如果 b 项规定的行为导致死亡结果的，处终身惩役或者不少于 10 年的监禁。

第 265 条 在森林中放火罪①

1. 在第 998/1979 号法案第 3 条第 1 款和第 2 款所指的森林、林地或者同条第 5 款所指的被宣布为再造林或者保留林的地区放火的，处不少于 10 年的惩役，并处 2900 至 29000 欧元罚金，但不妨碍依据第 264 条的规定判处更重的刑罚。所被判处的刑罚不可易科或者缓刑，并且上诉不能使刑罚的执行暂停。如果该行为导致火灾大面积蔓延的，处惩役。

2. 如果行为是基于自私自利或者恶意而实施，或者过火面积特别巨大的，处不少于 10 年的惩役。

第 266 条 失火罪②

1. 如果过失地实施第 264 条规定的行为的，处监禁。

2. 如果过失地实施第 265 条第 1 款规定的行为，并且其他条

① 第 2081/1992 号法案修正。

② 第 1892/1990 号法案修正；第 2081/1992 号法案修正。

款没有规定更重的刑罚的，处不少于 2 年的监禁，并处 290 至 2900 欧元的罚金。本罪被判处的刑罚不允许易科。

第 267 条

如果第 266 条之行为的行为人自动地扑灭火灾或者迅速地报告有权机关扑灭火灾的，免除刑罚。

第 268 条　决水罪

故意地导致水灾的，按照下列规定处罚：

a）如果该行为可能对他人的财产造成危险的，处不少于 2 年的监禁；

b）如果该行为可能对人身造成危险的，处惩役；

c）如果 b 项规定的行为造成死亡结果的，处终身惩役或者不少于 10 年有期惩役。

第 269 条

如果过失地实施第 268 条规定的行为的，处监禁。

第 270 条　爆炸罪

故意地以任何方式特别是使用炸药导致爆炸的，按照下列规定处罚：

a）如果该行为可能对他人的财产造成危险的，处惩役，并处不少于 290 欧元的罚金；

b）如果该行为可能对公共设施中的人造成危险的，处不少于 10 年的惩役，并处不少于 290 欧元的罚金；

c）如果 b 项所规定的行为导致人身伤害或者公共设施毁坏的，处终身惩役，并处不少于 590 欧元的罚金；

d）如果 b 项所规定的行为致人死亡的，处终身惩役，并处不少于 880 欧元的罚金。

第271条

如果过失地实施第270条规定的行为的，处监禁。

第272条　违反爆炸物管理规定罪[①]

1. 出于用于对他人的财产或者人身造成公共危险或者出于转让给他人用于该用途的目的，制造、获取、持有爆炸物或者炸弹的，处惩役。

2. 明知是意图用于第1款所规定的犯罪用途的爆炸物或者炸弹，而予以制造、获取、交付、接受、持有、藏匿、运输的，处不超过10年的惩役。在明知他人意图将爆炸物或者炸弹用于第1款所规定的犯罪用途的情况下，以任何方式指导该他人进行制造、使用、获取、交付、运输、保管的，处以相同的刑罚。

第272条A（废止）[②]

第273条　具有公共危险的损毁罪

故意地损毁自己或者他人的动产或者不动产，但不构成第264条、第268条和第270条规定之罪的，按照下列规定处罚：

a）如果对他人的财产造成公共危险的，处监禁；

b）如果对人身造成危险的，处不少于2年的监禁；

c）如果b项所规定的行为致人死亡的，处惩役。

第274条

如果过失地实施第273条规定的行为的，处不超过3年的监禁或者罚金。

第275条　损毁安全设施罪

在矿山、工厂或者所进行的生产经营活动对其工作人员的生命存在危险的其他工作场所，对用于避免这一危险的安全设施，

① 第2928/2001号法案修正。

② 第2928/2001号法案废止。

故意地予以破坏、以任何方法使之陷入无法使用状态或者使之停止运行的，按照下列规定处罚：

a）如果可能对人身造成危险的，处不少于2年的监禁；

b）如果造成死亡结果的，处有期徭役或者终身徭役。

第276条

如果过失地实施第275条规定的行为，处监禁。

第277条　制造海难罪

故意地导致船舶沉没或者搁浅的，按照下列规定处罚：

a）如果对他人财产造成共同危险的，处不少于2年的监禁；

b）如果对人身造成危险的，处徭役；

c）如果b项规定的行为导致死亡结果的，处终身徭役或者不少于10年的有期徭役。

第278条

如果过失地实施第277条规定的行为的，处监禁。

第279条　在水源或者食物中投毒罪

故意地在水源、水井、泉水、输水管道、水箱、食物或者其使用可能对不特定多数人造成损害的其他物品中投毒，或者故意地在这些物品中投放可能导致相同结果的其他物质的，处徭役。如果该行为导致死亡结果的，可以处终身徭役。

第280条

如果过失地实施第279条规定的行为的，处监禁。

第281条　伪劣产品罪

1．生产或者加工食品、饮料、药品或者其他产品以致其使用可能损害人的健康或者危及生命的，或者将这些产品投入流通的，处不少于3个月的监禁。

2．如果这些行为是由过失实施的，处不超过1年的监禁或者罚金。

第282条　对动物投毒罪

1. 故意地在牧场、草场、湖泊或者其他动物水源地投毒的，处不少于6个月的监禁；如果该行为导致动物被杀死或者因为严重持久的伤害而死亡的，处不超过10年的惩役。

2. 如果过失地实施第1款规定的行为的，处不超过2年的监禁或者罚金。

第283条　传播动物疾病罪

1. 故意地传播动物传染病的，处不少于6个月的监禁；如果该行为导致动物被杀死或者因为严重持久的伤害而死亡的，处不超过10年的惩役。

2. 如果过失地实施第1款规定的行为的，处不少于2年的监禁或者罚金。

第284条　违反传染病预防措施罪

1. 违反有权机关依法决定采取的用以预防传染病侵入或者传播的措施的，处监禁。如果其违反行为导致传染病在人群中传播之后果的，处不超过10年的惩役。

2. 如果过失地实施第1款规定的行为的，处不超过1年的监禁或者罚金。

第285条　违反植物传染病预防措施罪

1. 违反有权机关依法决定采取的用以预防植物疫病的侵入或者传播的措施的，处不超过3年的监禁。

2. 如果过失地实施第1款规定的行为的，处不超过6个月的监禁或者罚金。

第 286 条 违背建筑规范罪①

1. 在建造或者拆毁建筑物或者类似工程的前期研究、指挥、执行过程中，故意或者过失地不顾通行的技术规范而行事，因此危及人的生命或者健康的，处不超过 2 年的监禁。

2. 上述行为的追诉时效从违反行为所造成的结果发生之日起计算。

第 287 条 违背采购合同罪

1. 对其向有权机关保证承担的供应、运输食物或者其他物品的义务，全部或者部分地不予履行，因此对预防或者消除公共紧急状态造成妨碍的，处不少于 3 个月的监禁。

2. 承担上述供应或者运输义务的其他任何供应人、分包合同商、代理人、员工不履行或者迟延履行他们的义务，因此对预防或者消除公共紧急状态造成妨碍的，处以相同的刑罚。

第 288 条 对防止公共危险的行动予以妨碍或者不提供应有援助罪

1. 对预防或者消除现存或者即将发生的公共危险所采取的必要行动，故意地予以破坏或者阻碍，如果其他条款没有规定更重的刑罚的，处监禁。

2. 在事故、公共危险、公共紧急状态中，被要求提供援助并且内容能够在不对其自身构成严重危险的情况下提供该援助的人，不提供援助的，处不超过 6 个月的监禁。

第 289 条 共同规定②

1. 在第 269 条、第 271 条、第 276 条、第 278 条、第 280 条、第 281 条第 2 款、第 282 条第 2 款、第 283 条第 2 款、第 284

① 第 2331/1995 号法案修正。

② 第 3160/2003 号法案修正。

条第 2 款、第 285 条第 2 款和第 286 条规定的情况下，如果行为人自动地避免该危险或者迅速地报告有权机关避免该危险的，免除刑罚。

2. 如果前款和第 266 条规定的行为的行为人，在一审法院开始举证之前已经自动地力图减轻其所造成之危险的程度，并且在对他人财产造成损失的情况下已经向被害人全部地支付损失金额的本金和利息并且告知被害人或者其继承人的，免除刑罚。①

第十四章　危害公共交通安全、电话通信和公用设施罪②

第 290 条　危害交通安全罪

1. 故意地危害街道或者广场的交通安全的，按照下列规定处罚：

a）如果该行为对人身造成危险的，处监禁；

b）如果致人死亡的，处惩役。

2. 如果过失地实施第 1 款所指的行为的，处监禁。

第 291 条　危害铁路、船舶、航空交通安全罪

1. 故意地危害铁路交通、水上交通或者航空交通安全的，按照下列规定处罚：

a）如果该行为对他人的财产造成公共危险的，处不少于 2 年的监禁；

b）如果该行为对人身造成危险的，处监禁；

c）如果 b 项的行为致人死亡的，处终身惩役或者不少于 10 年的惩役。

2. 如果过失地实施第 1 款所规定的行为的，处监禁。

---

① 第 2721/1999 号法案新增。

② 第 3674/2008 号法案修正了章名。

3. 违反第1款和第2款以外的有关铁路运输、水上运输、航空运输之治安、安全、一般管理运行的法令或者行政条例的，处罚金。

第292条 妨碍交通罪①

1. 对为交通服务的公共设施，尤其是铁路、航空器、公共汽车、邮政或者公用的电报，故意地进行干扰的，处不少于3个月的监禁。

2. 如果过失地实施第1款所规定的行为的，处不超过6个月的监禁。

第292条A 危害电话通信安全罪②

1. 在无权利的情况下，进入电话服务线路或者网络或者用于提供这种服务的硬件系统或者软件系统，因此危及电话通信安全的，处不少于1年的监禁，并处2万至5万欧元的罚金。如果电话服务提供商的工作人员或者股东实施前段所指的行为的，处不少于2年的监禁，并处2万至10万欧元的罚金。

2. 电话服务提供商或者其法定代表人违反《通信隐私保护署条例》的规定的，或者违反按照电子通信技术安全规范授予使用无线电频率或者电话号码权利之概括许可条件的，处不少于2年的监禁，并处10万至50万欧元的罚金。

3. 电话服务提供商或者其法定代表人或者根据上述条例第3条负责保护通信隐私的人员，不采取防止第1款规定的行为的必要措施的，处不少于2年的监禁，并处5万至20万欧元的罚金。

4. 如果前述各款的行为人是出于为自己或者他人获取非法的金钱利益或者对他人造成财产损失的目的实施其行为的，处不

---

① 第3674/2008号法案修正。

② 第3674/2008号法案新增。

少于3年的监禁，并处10万至30万欧元的罚金。如果所获取的利益总额或者所造成的损失总额超过73000欧元的，处不超过10年的惩役，并处10万至50万欧元的罚金。

5．如果前述各款所指的行为可能危害刑法典第134条A所提到的根本原则和政治体制、关系国家安全和公用设施安全的秘密的，处惩役。

6．不正当地出售或者以其他方式提供安装用以实施第1款所规定的行为的专门设备，或者公开地为实施这些行为做广告，或者为实施这种行为提供服务的，处不少于1年的监禁，并处1万至5万欧元的罚金。

第293条　妨碍其他公用设施运行罪

1．对用于向公众供应水、电、热、动力的工厂或者设备的运行故意地进行妨碍的，处不少于3个月的监禁。

2．如果过失地实施第1款所规定的行为的，处不超过6个月的监禁。

第294条　恶意罢工罪

在雇佣合同的存续期间，故意地在未事先告知雇主或者相关的警察机关的情况下罢工或者恶意地懈怠工作，并且实施第292条和第293条规定的行为导致公共紧急状态的，处不少于3个月的监禁。

第295条　导致公共紧急状态

如果第292条第1款和293条第1款规定的行为导致公共紧急状态的，处惩役。

第296条　妨碍食品供应罪

对用于向公众供应食物的工厂或者设备的运行，故意地以第294条规定的方式或者以任何其他方式进行妨碍，因此导致公共紧急状态的，处不少于6个月的监禁。

第297条 使船舶陷入实施走私危险罪

1. 故意地将其存在可能引起船舶或者货物被扣留或者没收之危险的物品带上希腊船舶的，处不超过3年的监禁。

2. 如果该行为实施于国家领域以外的，也应当追究刑事责任。

3. 对于外籍船舶实施该行为的，如果装载该货物的行为全部或者部分地实施于希腊领域内的，也应当追究刑事责任。

第298条 一般规定

对第290条第2款和第291条第2款规定的情况，也可以比照适用第289条的规定。

第十五章 危害生命罪

第299条 故意杀人罪

1. 故意杀死他人的，处终身惩役。

2. 如果行为是在激情的支配下决意和实施的，处有期惩役。

第300条 同意杀人罪

如果行为人是在被害人强烈不懈的请求和其对被害人在正遭受不可治愈的疾病折磨的被害人产生同情之后，决意和实施该杀人行为的，处监禁。

第301条 参与他人自杀罪

故意地怂恿他人自杀并且该自杀完成或者未遂的，或者对他人的自杀提供帮助的，处监禁。

第302条 过失致人死亡罪

1. 过失地造成他人死亡的，处不少于3个月的监禁。

2. 在前款所规定的行为的被害人是行为人的亲属的情况下，

如果证实行为人是在被害人实施的不必追究刑事责任之行为对其所造成的精神折磨的支配下所实施的，法院可以免除其刑罚。

第 303 条　杀婴罪

母亲在分娩期间或者分娩之后仍然处于生产所引起的身体紊乱之中，故意杀害其所生的婴儿的，处不超过 10 年的惩役。

第 304 条　人工终止妊娠罪

1. 在未经孕妇同意的情况下终止其妊娠的，处惩役。

2. a）在获得孕妇同意的情况下终止其妊娠或者为其终止妊娠提供工具的，处不少于 6 个月的监禁；如果行为人惯常地实施这些行为的，处不少于 2 年的监禁。

b）如果上述行为给该孕妇的身体或者精神造成严重疾病的，处不少于 2 年的监禁；如果导致死亡的，处不超过 10 年的惩役。

3. 孕妇终止其妊娠或者允许他人为其终止妊娠的，处不少于 1 年的监禁。

4. 如果具备下列一种情形，并且获得孕妇同意、在正规的医护单位由妇产科医生在麻醉师参加的情况下所实施的人工终止妊娠，不属于非法人工终止妊娠：

a）妊娠未满 12 周；

b）现代产前诊断发现将导致畸形婴儿出生的严重胎儿异常迹象，并且妊娠未满 24 周；

c）妊娠对孕妇存在生命危险或者对其身体或精神健康造成严重持久损害之危险，在这种情况下，应当获得有权限的医生签发的证明书；

d）妊娠是由强奸、诱奸未成年人、乱伦、对无反抗能力的妇女实施的趁机性侵害所导致，并且妊娠未满 19 周的。

5. 如果孕妇未成年的，还必须获得一方父母或者对该未成年人进行监护的人的同意。

第 304 条 A　伤害胎儿或者新生儿罪

对孕妇实施非法行为，因此对胎儿造成严重伤害或者对新生儿造成严重的身体或者精神损害的，按照第 310 条的规定追究刑事责任。

第 305 条　做人工终止妊娠广告罪

1. 以公布或者散发（即使是秘密地进行也不例外）文书、图像、说明书的方式，对适合用于人工终止妊娠的药品、其他物品或者方法进行宣传或者广告，或者以相同的方法为自己或者他人提供实施或者帮助实施终止妊娠之服务进行宣传或者广告的，处不超过 2 年的监禁。

2. 计划生育中心、医疗专业人员或者合法实施人工终止妊娠的人员，就人工终止妊娠所提供的信息或者所实施的健康教育，以及专门的医疗或者药学期刊所公布的相关信息，不属于非法行为。

第 306 条　遗弃罪

1. 对受其保护或者其有义务供养、照料、运送的人或者被其有过错地伤害的人，予以抛弃使其陷入无助状态或者故意地放任其处于无助状态的，处不少于 6 个月的监禁。

2. 如果该行为导致被害人：

a）严重的身体伤害的，处不超过 10 年的惩役；

b）死亡的，处不少于 6 年的惩役。

第 307 条　不救助生命危险罪

在他人面临生命危险时，能够在不危及自己生命或者健康的情况下予以救助的人故意地不予以救助的，处不超过 1 年的监禁。

第十六章 伤害罪

第 308 条 普通伤害罪

1. 故意地对他人造成身体伤害或者健康损害的，处不超过 3 年的监禁。如果伤害或者健康损害较轻的，处不超过 6 个月的监禁或者罚金。如果伤害或者健康损害微小的，处拘役或者科料。

2. 在被害人同意并且不违反道德的情况下实施第 1 款所指的伤害的，阻却违法性。

3. 如果行为人是因为被害人的先行行为尤其是特别严酷或者残忍的行为所直接导致的情有可原的愤怒而实施第 1 款规定的行为的，不应当追究刑事责任。

第 308 条 A 无挑衅伤害罪

1. 在被害人没有挑衅的情况下实施第 308 条第 1 款前段规定的普通伤害的，处不少于 6 个月的监禁。

2. 如果前款所规定的行为构成第 309 条规定的危险伤害或者针对两个或者两个以上的人实施的，处不少于 1 年的监禁。

3. 如果在实施行为时蒙面或者歪曲其面部特征的：对第 1 款规定的行为的行为人，处不少于 1 年的监禁；对第 2 款规定的行为的行为人，处不少于 2 年的监禁。①

第 309 条 危险伤害罪

如果以第 310 条第 2 款规定的可能造成危及生命或者严重伤害的方式实施第 308 条规定的行为的，处不少于 3 个月的监禁。

第 310 条 严重伤害罪

1. 如果第 308 条规定的行为对被害人造成严重的身体或者精

① 第 3772/2009 号法案新增。

神损害的，处不少于 2 年的监禁。

如果行为人在实施前款所规定的行为时蒙面或者歪曲其面部特征的，处不少于 3 年的监禁。①

2. 如果该行为对被害人造成面临生命危险、严重的长期疾病、严重的肢体残缺、身体或者精神之运用的长期严重障碍的，尤其应当认定为严重的身体或者精神损害。

3. 如果行为人积极地追求所造成的结果的，处不超过 10 年的惩役。

第 311 条　致命伤害罪

如果伤害导致被害人死亡的，处不超过 10 年的惩役。如果行为人积极地追求对被害人造成严重的身体伤害的，处惩役。

第 312 条　伤害未成年人等人员罪

有下列行为，但不构成处罚更重的其他犯罪的，处不少于 3 个月的监禁：

a）对因为家庭、工作、业务关系而由行为人负责照料保护或者因为处于行为人的权力支配之下而由其照看的未满 17 周岁或者无自我保护能力的人，以持续的严酷行为对其造成身体伤害或者精神损害的；

b）恶意地不履行其对上述人员的义务，使其遭受身体伤害或者健康损害的。

第 313 条　斗殴罪

如果由多人实施的冲突或者袭击导致死亡或者第 310 条规定严重伤害的，除非属于无过错参与者，否则对每一个参与冲突或者袭击者，处不超过 3 年的监禁。

---

① 第 3772/2009 号法案新增。

第 314 条　过失伤害罪

1．过失地对他人造成身体伤害或者健康损害的，处不超过 3 年的监禁。如果所造成的伤害十分轻微的，处不超过 3 个月的监禁或者罚金。

2．第 302 条第 2 款的规定，做相应的变动后适用于前款所规定的行为。对于只能基于告诉提起追诉的规定，不适用于第 315 条第 1 款第 2 段所规定的情形。

第 315 条　告诉

1．第 308 条和第 314 条规定的犯罪，只能依据告诉提起追诉。如果第 314 条规定的行为的行为人因为其业务或者职业而有义务予以特别的注意和预见的，不以告诉为追诉条件。营利性地运输乘客或者货物的，驾驶交通工具适用前段的规定。在第 314 条规定的行为实施于驾驶交通工具的过程中并且不属于公诉罪的情况下，如果被害人声明其不希望追诉行为人的，检察官不应当提起追诉。如果在追诉过程中提交该声明的，法院应当决定终止追诉程序。

2．如果第 308 条规定的犯罪的被害人为公务员并且犯罪实施于该公务员履行公务之时或者与其履行公务有关的，为公诉罪。

第 315 条 A①

如果针对正在履行职务的警察、港务人员、消防人员、医疗人员实施第 308 条 A 至第 311 条规定的犯罪的，应当被视为刑罚加重情节。

① 第 3772/2009 号法案修正。

第十七章　决斗罪

第316条　决斗挑战罪

1. 向他人发出使用武器决斗的挑战或者接受这种挑战的，处不超过6个月的监禁。

2. 如果敌对一方在决斗开始之前主动放弃决斗的，免除刑罚。

第317条　决斗罪

1. 使用武器决斗的，处不少于6个月的监禁；但是，如果以决斗持续至敌对一方死亡为止作为约定条件的，处不少于1年的监禁。

2. 在决斗中造成对方死亡的，处不超过3年的监禁；在前款后段所指的情况下造成对方死亡的，处不超过10年的惩役。

3. 故意地违反决斗规则或者约定的条件，因此造成对方死亡或者受伤的，如果按照本章的条文不会处以更重的刑罚的，按照故意杀人罪或者伤害罪的有关条款追究刑事责任。

第318条　不存在生命危险的决斗罪

如果在决斗的实施中已经采取了适当的意图防止危及生命的预防措施的，处不超过1年的监禁。

第319条　对从犯的刑罚

1. 决斗的见证人、其他助手和就是否进行决斗作出决定的仲裁委员会成员，作为从犯追究刑事责任。如果见证人促成该决斗的撤销的，不追究刑事责任。

2. 只是作为医生参与决斗的，不追究刑事责任。

第 320 条　煽动决斗罪

以将受到他人的蔑视进行威胁或者以任何其他方式，煽动他人与第三人进行决斗的，处不超过 6 个月的监禁。

第 321 条　对决斗进行新闻报道罪

1. 报纸或者杂志登载决斗挑战或者决斗的报道的，对其负责人处不超过 3 个月的监禁。

2. 单纯地报道决斗所导致的死亡情况的，不适用前款的规定。

第十八章　侵害人身自由罪

第 322 条　绑架罪

以欺诈、暴力、暴力威胁为手段，捕获、劫持或者对非法地扣留他人，剥夺该被控制人所受国家之保护，尤其是将其作为人质或者置于被剥夺自由的其他类似状态的，处惩役。如果该行为以强迫被害人或者其他人在其没有义务的情况下作为、不作为或者容认一定行为为目的的，按照下列规定处罚：

a）如果该强制是针对第 157 条第 1 款规定的机关或者人员实施的，处终身惩役；

b）出于任何其他原因的，处不少于 10 年的惩役。

第 323 条　贩卖奴隶罪

1. 贩卖奴隶的，处惩役。

2. 贩卖奴隶，包括对意图作为奴隶的人予以捕获、获取、处分，以及意图转卖或者交易而获取奴隶，以及以出售或者交易方式实际地转让奴隶，以及通常视为贩卖或者运输奴隶的行为。

3. 在明知船舶意图从事贩卖奴隶或者已经用于该目的的情况下而在其上承担任何服务，或者在获知船舶的上述目的或者已经用于该目的之后继续自愿地在其上服务的，处不少于6个月的监禁。

4．在明知船舶租赁意图用于贩卖奴隶的情况下，直接或者间接地促成该租赁的，处不少于6个月的监禁。

5．既非出于贩卖目的也非出于释放被贩卖人的目的，将奴隶从一个地点转移到另一个地点的，处监禁。

6．明知船舶用于运输奴隶的船舶所有人和船长，处以相同的刑罚。

第323条A 贩卖人口罪①

1．出于从他人身体上摘除器官或者为自己或者第三人剥削他人劳动的目的，使用暴力、威胁、其他强制手段或者使用、滥用其权力，招募他人、运输他人、促成他人入境或者出境、扣留他人、介绍他人、有偿或者无偿地交付他人、从别处接受他人的，处不少于10年的惩役，并处1万至5万欧元的罚金。

2．出于相同的目的，以欺骗手段或者利用许诺、礼物、报酬、提供其他利益相引诱，获得他人同意对其进行贩卖的，处以前款所规定的刑罚。

3．在明知的情况下接受处于第1款或者第2款规定情境下的人员的劳动的，处不少于6个月的监禁。

4．如果前述各款所指的行为具有下列情形的，处不少于10年的惩役，并处5万至10万欧元的罚金：

a）针对未成年人实施的；

b）职业地实施的；

c）由正在履行公务的公务员实施，或者由公务员以任何方

① 第3064/2002号法案新增。

式利用其身份实施或者参与实施的；

d）对被害人造成严重的身体伤害的。

5. 使用第1款或者第2款规定的手段，出于用于武装冲突的目的招募未成年人的，处不少于10年的惩役，并处5万至10万欧元的罚金。

6. 如果前述各款规定的行为导致死亡的，对行为人处终身惩役。①

第323条B　组织让参与者对未成年人实施性交或者其他淫荡行为的旅游罪（性旅游罪）②

以任何方法或者手段，对以满足他人与未成年人实施性交或者其他淫荡行为之愿望为目的的旅游活动，予以组织、提供资金、指挥、主管、做广告或者居间协调的，处不少于10年的惩役。

出于前款所述目的，参与前款规定的旅游活动，如果不构成处罚更重的其他犯罪的，处不少于1年的监禁。

第324条　诱拐未成年人罪

1. 将未成年人从其父母、监护人、任何有权对其进行照料的人处诱拐走，或者协助该未成年人自愿逃离前述人员的支配的，处监禁。如果被诱拐的未成年人遭受严重的生命危险或者严重的健康损害的，处不少于1年的监禁。

2. 如果该未成年人未满14周岁的，除非该行为是由其亲属实施的，否则对前款所规定的行为，处不少于10年的惩役。在任何情况下，如果行为人出于投机获利、将该未成年人用于不道德职业或者改变该未成年人的家庭身份的目的而实施其行为的，

---

① 第3625/2007号法案新增。

② 第3625/2007号法案新增。

处不超过 10 年的惩役。

3. 如果前两款的行为人以索取赎金或者强迫他人作为或者不作为为目的，处惩役。如果行为人在其所提出的任何条件或者要求被满足之前自愿地交出健康状态良好的该未成年人的，处监禁。

第 325 条　非法拘禁罪

违背他人意志拘禁他人或者以其他方法剥夺他人行动自由的，处监禁；如果该拘禁持续很长时间的，处不少于 2 年的监禁。

第 326 条　违反宪法的羁押罪①

违反《宪法》第 6 条的规定的，处不少于 6 个月的监禁。

第 327 条　非自愿诱拐罪

1. 出于结婚或者实施淫荡行为的目的，在违背其意志的情况下绑架或者非法拘禁（第 325 条）妇女，或者绑架、非法拘禁因为失去意识、精神缺陷或者其他原因而无反抗能力的妇女的：如果出于结婚目的而实施行为的，处不少于 1 年的监禁；如果出于实施淫荡行为目的而实施行为的，处不超过 10 年的惩役。

2. 对本罪，依据告诉提起追诉。

第 328 条　自愿诱拐罪

1. 出于结婚或者实施淫荡行为的目的，在获得未婚的未成年女性的同意但未获得有权支配其或者依法对其负责的人同意的情况下，对其予以诱拐或者扣留的，如果实施该行为的目的是为了结婚的，处不超过 3 年的监禁；如果实施行为的目的是为了实施淫荡行为的，处监禁。

---

① 第 3090/2002 号法案修正。

2. 对本罪，依据告诉提起追诉。

第 329 条　一般规定

在第 327 条和第 328 条规定的情况下，如果行为人与被绑架人已经结婚的，只能在婚姻被撤销之后才能提起追诉。

第 330 条　非法暴行罪

以身体暴力、身体暴力威胁、其他非法的作为或者不作为为手段，强迫他人在无此义务的情况下作为、不作为或者容认一定行为的，不论该损害是指向被威胁人还是指向其家庭成员，均处不超过 2 年的监禁。

第 331 条　擅行司法罪

恣意地行使与其实际存在或者所臆想的权利有关的请求的，处不超过 6 个月的监禁或者罚金。对本罪，依据告诉提起追诉。

第 332 条　强制罢工罪

以暴力或者威胁手段，强迫他人参与以集体罢工为宗旨的结盟以便得以变更劳动合同条件，或者阻止他人离开该结盟的，处不超过 1 年的监禁或者罚金。

第 333 条　胁迫罪

1. 以威胁对他人实施暴力或者其他非法的作为或者不作为为手段，使他人恐慌或者焦虑的，处不超过 1 年的监禁。

2. 对本罪，依据告诉提起追诉。

第 334 条　扰乱住宅安宁罪

1. 非法地进入或者违背接受进入人的意志继续停留于他人的住宅、工作场所或者所拥有的其他密闭场所的，处不超过 1 年的监禁或者罚金。

2. 出于妨碍编辑、自由发行报纸杂志或者自由发行书籍的目的，对他人的人身或者财产实施暴力或者损毁他人财产的，处不少于1年的监禁。对此类犯罪，在任何情况下都不能适用刑罚易科或者缓刑。

3. 非法地进入国家的、大区的、省的机关、公法人、公益机构的设施或者场所，或者违背这些机构的法定代表人或者工作人员所表达的这些机构的意志继续停留于这些场所，因此对公务活动的正常进行造成破坏或者干扰的，处不少于6个月的监禁。

4. 对第1款规定的行为，基于权利人的告诉提起追诉。

第335条 欺骗性怂恿移民国外罪

以投机获利或者欺诈方法说服他人从希腊移民国外的，处不超过2年的监禁。

第十九章 侵害性自由罪与性剥削罪

第336条 强奸罪

1. 使用身体暴力或者迫近的严重威胁，强迫他人实施婚外性交或者忍受、实施猥亵行为的，处惩役。

2. 如果前款所指的行为是由两个或者两个以上的行为人共同实施的，处不少于10年的惩役。

第337条 侵害性尊严罪

1. 以猥亵的动作或者实施猥亵行为的提议，严重地侵害他人与性生活有关的人的尊严的，处不超过1年的监禁或者罚金。

2. 如果针对未满12周岁的被害人实施前款所规定的行为的，处3个月至2年的监禁。

第338条 趁机性侵害罪[①]

1. 利用他人因为精神病或者其他原因而无反抗能力的状态，

---

① 第3064/2002号法案修正。

对其实施非法的性交或者非自然的性侵害的，处不超过10年的惩役。

2．利用他人的上述状态，以淫荡的动作或者实施淫荡行为的提议，侵害他人在性生活方面的尊严的，处不少于6个月的监禁。[①]

3．如果第1款规定的行为是由两个或者两个以上的行为人共同实施的，处不少于10年的惩役。[②]

第339条　诱奸未成年人罪

1．与不满15周岁的人实施淫荡行为，或者以欺骗手段让其实施淫荡行为或者忍受淫荡行为的，按照下列规定处罚：

a）如果被害人未满10周岁的，处不少于10年的惩役；

b）如果被害人已满10周岁但不满13周岁的，处不超过10年的惩役；

c）在被害人已满13周岁的情况下，如果不能按照第351条A所规定的犯罪处以更重的刑罚的，处监禁。[③]

2．如果前款c项规定的情况下的行为人在实施行为时不满18周岁的，法院可以只对其适用教养处分或者治疗处分。[④]

3．如果行为人和被害人已经结婚的，不提起追诉；如果已经提起追诉的，宣告不予受理。在该婚姻被解除后，可以提起或者继续该追诉。

第340条　一般规定[⑤]

如果第336条、第338条和第339条规定的行为导致被害人

---

① 第3625/2007号法案修正。

② 第3625/2007号法案新增。

③ 第3064/2002号法案修正；第3160/2003号法案修正。

④ 第3625/2007号法案修正。

⑤ 第3064/2002号法案修正。

死亡的，处终身惩役。

第341条 欺诈性交罪

造成或者利用他人误认为是婚姻关系中的性交要求之认识错误，与妇女实施性交的，处不少于3个月的监禁。

第342条 针对未成年人的趁机性侵害罪

1. 尊亲属或养父母针对其卑亲属或养子女、监护人或者保佐人或者其他任何抚育人对其被抚育人、教师或者教育工作者对受其教育的未成年学生或者儿童、牧师对其未成年人教子女实施猥亵行为的，处不少于1年的监禁。

2. 仆人或者承租人对属于同一家庭生活圈的未成年人，或者任何其他人对委托其监督或者监护的未成年人（即使是临时的也不例外）实施猥亵行为的，处以相同的刑罚。

第343条 滥用职权实施淫荡行为罪

有下列情形的，处不少于1年的监禁：

a）公务员利用依赖其公务之人与其之间的这种关系与其实施淫荡行为的；

b）监狱或者其他羁押中心、学校、教育机构、医院、诊所、任何其他类型的康复护理机构、指定用于对需要救援的人进行治疗的其他机构中被委任的或者固定的工作人员，与这些机构所接纳的人实施淫荡行为的。

第344条 告诉

第337条和第341条规定的犯罪，依据告诉提起追诉。①

第336条规定的犯罪，依职权提起刑事追诉。如果被害人或者第118条规定的告诉权人认为追诉将对被害人造成严重的心理

---

① 第3064/2002号法案修正。

伤害的，在获得上诉法院检察署的批准后，地方法院的检察官可以有合理根据地作出永远地不提起追诉的决定；如果已经将该案件移送给有权管辖的地方法院提起追诉的，可以终止追诉。

第 345 条　乱伦罪①

1. 直系血亲的尊亲属和卑亲属之间性交的，按照下列规定处罚：

a）对尊亲属，如果该卑亲属未满 15 周岁的，处不少于 10 年的惩役；如果该卑亲属已满 15 周岁但未满 18 周岁的，处惩役；如果该卑亲属已经成年的，处不超过 2 年的监禁。

b）对该卑亲属，处不超过 2 年的监禁；

c）同父同母的兄弟姐妹、同父异母的兄弟姐妹或者同母异父的兄弟姐妹之间实施的，处不超过 2 年的监禁。

2. 如果在实施行为之时未满 18 周岁的，对该卑亲属或者兄弟姐妹可以免除刑罚处罚。

第 346 条　亲属间的猥亵罪②

1. 第 345 条规定的亲属之间实施性交以外的猥亵行为的，按照第 345 条第 1 款规定的刑罚处罚。

2. 第 345 条第 2 款也适用于本罪。

第 347 条　鸡奸罪

1. 男性之间实施的鸡奸具有下列情形的：

a）滥用基于职业的隶属关系；

b）成年人诱拐不满 17 周岁的未成年人实施鸡奸，或者出于获取经济利益的目的实施鸡奸的，处不少于 3 个月的监禁。

2. 职业地实施第 1 款规定的鸡奸行为的，处以相同的刑罚。

---

① 第 3625/2007 号法案修正。

② 第 3625/2007 号法案修正。

第 348 条　为他人实施淫荡行为提供便利罪

1. 以任何方式职业地为他人之间实施淫荡行为提供便利的，处不超过 1 年的监禁。

2. 使用欺诈手段为他人之间实施淫荡行为提供便利的（即使不是职业地实施也不例外），处不超过 3 年的监禁，并处罚金。

3. 职业地或者以牟利为目的地力图以广告、图像、电话拨号、发送电子邮件或者以其他任何方式为与未成年人实施淫荡行为提供便利（即使是秘密提供便利也不例外）的，处监禁，并处 1 万至 10 万欧元的罚金。[①]

第 348 条 A　儿童色情物品罪[②]

1. 故意地制作、散布、公开、展览、进口、出口、运输、提供、出售或者其他方式转让、购买、获取、持有儿童色情物品，或者散布、传播有关实施上述行为的信息的，处不少于 1 年的监禁，并处 1 万至 10 万欧元的罚金。

2. 通过计算机信息系统或者使用国际互联网，故意地制作、提供、出售或者以其他方式转让、散布、购买、获取、持有儿童色情物品，或者散布、传播有关实施上述行为的信息的，处不少于 2 年的监禁，并处 5 万至 30 万欧元的罚金。

3. 前两款所指的儿童色情物品，是指固定在电子或者其他物质媒介上，明显以激起性欲为目的，描述对儿童的身体所进行的真实或者虚拟的描述以及对由儿童或者对儿童实施的真实的或者虚拟的淫荡行为的描述。

4. 如果第 1 款和第 2 款规定的行为具有下列情形的，处不超过 10 年的惩役，并处 5 万至 10 万欧元的罚金：

---

① 第 3064/2002 号法案新增。

② 第 3064/2002 号法案新增；第 3625/2007 号法案修正。

a）职业地或者惯常地实施的；

b）如果儿童色情物品的制作与利用儿童的生活贫困、精神疾病、器质性疾病所导致的精神或者身体缺陷有关，或者与对儿童使用或者威胁使用暴力有关，或者使用未满10周岁的儿童的。

如果b项规定的行为对被害人造成严重的身体伤害的，处不少于10年的惩役，并处10万至50万欧元的罚金；如果导致被害人死亡的，处终身惩役。

第349条　淫媒罪[①]

1. 出于为他人实施淫荡行为服务的目的，促成、强迫未成年人卖淫或者为未成年人卖淫拉客提供便利的，处不超过10年的惩役，并处1万至5万欧元的罚金。

2. 如果犯罪的实施具有下列情形的，处惩役，并处5万至10万欧元的罚金：

a）针对不满15周岁的人实施的；

b）使用欺骗手段的；

c）行为人是未成年人的血亲或者姻亲的尊亲属、养父母、配偶、监护人或者所被交付抚养、教育、监督、看管（即使是临时的也不例外）的人的；

d）公务员在其从事公务的过程中或者利用其身份实施或者以任何方式参与实施该行为的。

3. 职业地或者以牟利为目的地怂恿妇女卖淫的，处不少于18个月的监禁，并处罚金。公务员在履行公务的过程中或者利用其身份，实施或者以任何方式参与实施该行为的，构成刑罚加重情节。

① 第3064/2002号法案修正。

第 350 条　对卖淫进行剥削罪[1]

男性全部或者部分地由职业地从事卖淫的女性供养并且剥削该女性的这种不道德收入的，如果不构成处罚更重的其他犯罪，处 6 个月至 3 年监禁。

第 351 条　贩运人口从事卖淫罪[2]

1. 出于为自己或者他人实施性剥削的目的，使用暴力、威胁、其他强制手段或者使用、滥用其权力，招募他人、运输或者促成他人入境或者出境、扣留他人、为他人拉客、有偿或者无偿地交付他人、从别处接受他人的，处不超过 10 年的惩役，并处 1 万至 5 万欧元的罚金。

2. 出于相同的目的，以欺骗手段或者利用许诺、礼物、报酬、提供其他利益相引诱，获得他人同意对其进行性剥削的，处以前款所规定的刑罚。

3. 在明知的情况下，与第 1 款或者第 2 款所规定情形下的人实施淫荡行为的，处不少于 6 个月的监禁。

4. 如果前述各款所规定的行为具有下列情形的，处不少于 10 年的惩役，并处 5 万至 10 万欧元的罚金：

a）针对未成年人或者患有精神耗弱或者精神病的被害人实施的；

b）由第 349 条第 2 款 c 项所指的人实施的；

c）与使被害人非法地进入、居留或者离开希腊有关的；

d）职业地实施的；

e）由正在履行职务的公务员或者由公务员利用其身份实施或者以任何方式参与实施的；

---

① 第 3064/2002 号法案修正。

② 第 3064/2002 号法案修正。

f）对被害人造成严重的身体伤害的。

5. 如果第1款和第2款规定的行为造成被害人死亡的，处终身惩役。

6. 前述各款的性剥削，是指从淫荡行为中牟利，或者出于牟利目的利用身体、声音、脸部图像实际或者虚拟地实施淫荡行为或者从事以引起性欲为目的的工作或者服务。

第351条A　与未成年人实施有偿的淫荡行为罪①

1. 成年人以给予报酬或者其他物质利益为手段与未成年人实施淫荡行为，或者成年人以相同的手段怂恿未成年人之间在其本人或者其他成年人面前实施淫荡行为的，按照下列规定处罚：

a）如果被害人未满10周岁的，处不少于10年的惩役，并处10万至50万欧元的罚金；

b）如果被害人已满10周岁不满15周岁的，处不超过10年的惩役，并处5万至10万欧元的罚金；

c）如果被害人已满15周岁的，处不少于1年的监禁，并处1万至5万欧元的罚金。

对本款规定的刑罚，不适用第83条e项的规定。

2. 如果成年人习惯性地实施前款所规定的行为的，构成加重处罚情节。

3. 如果第1款规定的行为造成被害人死亡的，处终身惩役。

第352条　保安处分

对第347条第2款、第348条、第349条、第350条和第351条规定的犯罪，适用第72条有关交付劳动机构、第73条有关禁止在特定地区居留和第74条的有关规定。

---

① 第3064/2002号法案新增。

第 352 条 A　对侵害性自由罪与对卖淫进行剥削罪的行为人和被害人进行心理检查和治疗[1]

1. 刑法典第 19 章侵害性自由罪与性剥削罪的未成年的被害人、犯罪嫌疑人、被告人，应当接受心理状态检查诊断。在审判之前的程序中，检察署只能在获得犯罪嫌疑人同意的情况下决定进行这种检查；在正式讯问期间，由有权的预审法官决定；在主体程序中，由法院作出决定。

2. 对实施前款所规定的罪行而被判决有罪的人，第 1 款所规定的法院可以决定并且监督其参与心理治疗计划，该计划既可以是在服刑期间内进行也可以是在服刑期间之外独立进行。

3. 对第 1 款规定的犯罪行为的未成年被害人，应交付进行专门的精神和身体状况检查，以决定是否需要治疗。在审判之前的程序中，由检察署决定进行这种治疗；在正式询问期间，由有权的预审法官决定；在主体程序中，由法院作出决定。

4. 如果为保护未成年被害人所需要，检察署、预审法官或者法官可以决定将行为人从被害人的周围环境中迁走或者将被害人迁走并居住于受保护的环境中，并且禁止在行为人和被害人之间进行接触。

5. 建议司法部和卫生、福利和社会保障部在本法[2]通过之后 6 个月内，以法令的形式对被害人和犯罪嫌疑人、被告人的心理检查和治疗的具体问题作出规定。

---

① 第 3625/2007 号法案新增。

② 指第 3625/2007 号法案。——译者注

第352条B　妨碍对未成年被害人的隐私保护罪[①]

在对被指控构成侵害性自由罪与对卖淫进行剥削罪的行为所作出的最终确定的判决，以可能泄露未成年被害人身份的任何方式公布其事实的，处不超过2年的监禁。

第353条　以淫荡行为制造丑闻罪

1. 公开地实施淫荡行为并且制造丑闻的，处不超过2年的监禁。

2. 在他人面前实施淫荡行为故意粗暴地侵犯他人的羞耻感的，处不超过6个月的监禁或者罚金。如果前款规定的行为是针对未满15周岁的人实施的，处监禁。对本款规定的犯罪，依据告诉提起追诉。[②]

第二十章　妨害婚姻与家庭罪

第354条　妨害家庭身份罪

以任何方法歪曲、隐匿家庭成员身份，尤其是对儿童实施的，处监禁。

第355条　欺骗结婚罪

以欺骗手段说服他人缔结无效婚姻或者可撤销婚姻（如果该婚姻因此被宣告无效）的，处监禁。对本罪，依据告诉提起追诉。

第356条　重婚罪

1. 已婚者在前一婚姻最终确定地被解除或者宣告无效之前缔结新的婚姻，或者在明知他人的前一婚姻尚未被解除或者宣告无效的情况下仍与之缔结新的婚姻的，处监禁。

---

① 第3625/2007号法案新增。

② 第3064/2002号法案修正。

2. 该行为的追诉时效期间从两个婚姻中的其中一个被解除或者被宣告无效时开始计算。

第 357 条　通奸罪（废止）[①]

第 358 条　违背供养义务罪

对法律规定的或者法院认可（即使是临时的也不例外）的供养义务，以受益人将遭受拮据困苦或者被迫接受他人援助的方式恶意地予以违背的，处不超过 1 年的监禁。

第 359 条　遗弃孕妇罪

对因为其而怀孕并且因为怀孕或者分娩而无力照顾自己的妇女，予以遗弃或者以其他方法使之陷入无助状态的，处不超过 1 年的监禁。对本罪，依据告诉提起追诉。

第 360 条　疏于监督未成年人罪

1. 有义务对不满 18 周岁的未成年人进行监督的人，不阻止其实施犯罪或者从事卖淫的，如果其他条款没有规定更重的刑罚，处不超过 1 年的监禁。[②]

2. 过失地实施前款所指的不作为的，处不超过 3 个月的监禁。

3. 如果父母、监护人或者依据本法典第 122 条的规定对未成年人进行监督的人实施本罪的，对第 1 款所规定的情形，处不超过 2 年的监禁；对第 2 款规定的情形，处不超过 6 个月的监禁。

4. 如果该未成年人实施的是违警罪的，法院可以对第 1 款至第 3 款规定的不作为者免除刑罚。

---

① 第 1272/1982 号法案修正。

② 第 3189/2003 号法案修正。

第二十一章　侵害名誉罪

第361条　侮辱罪

1. 以言辞、行为或者其他手段侵害他人名誉，但不构成第362条和第363条规定的诽谤罪的，处不超过1年的监禁或者罚金。也可以对监禁并科罚金。

2. 如果对名誉的侵害不严重的，根据情节和被害人的情况，处拘役或者科料。

3. 第308条第3款的规定也适用于本条所规定的情况。

第361条A　无挑衅的侮辱罪

1. 在被害人无挑衅的情况下实施第361条第1款规定的侮辱的，处不少于3个月的监禁。

2. 如果前款所规定的行为是针对两个或者两个以上的人实施的，处不少于6个月的监禁。

第362条　诽谤罪

以任何方式向第三人宣称或者散布可能损害他人名誉或者名声的信息的，处不超过2年的监禁或者罚金。罚金也可以附加于监禁而适用。

第363条　加重诽谤罪

在第362条规定的情况下，如果所指的事实是虚假的并且行为人对此存在明知的，处不少于3个月的监禁。对监禁，可以附加适用罚金。此外，也可以一并适用第63条规定的剥夺政治权利。

第364条　诽谤法人罪

1. 以任何方式向第三人宣称或者散布与其业务、财政条件、产品、董事会成员有关的可能降低该法人的社会公信度或者总体上损害其业务的信息的，处不超过1年的监禁或者罚金。

2. 如果被告人证明其所声称或者散布的事实的真实性的，不追究刑事责任。

3. 如果所声称或者散布的事实是虚假的并且行为人对此存在明知的，处监禁。

第365条 贬低对逝者的记忆罪

以粗鲁或者恶毒的侮辱行为或者第363条的加重诽谤行为，贬低对逝者的记忆的，处不超过6个月的监禁。

第366条 一般规定

1. 如果第362条规定的信息是真实的，对该行为不追究刑事责任。如果该信息仅仅与不影响公共利益的家庭生活或者私人生活有关并且该声称或者散布是恶意地实施的，不应当允许被告人证明其真实性。

2. 在第362条、第363条、第364条和第365条规定的情况下，如果被告人所声称或者散布的信息的内容是公开被追诉的犯罪行为的，对诽谤罪的诉讼程序应当中止，直至前一追诉终结。如果对被诽谤人所实施的该犯罪行为作出有罪判决的，信息的真实性视为已被证明；如果被作出无罪判决的，信息视为虚假。

3. 如果根据行为及其实施的情境来看可以认定行为人具有侮辱目的的，对诽谤所涉信息的真实性证明，不能阻却其构成侮辱罪。

第367条

1. 下列行为阻却其违法性：

a）对科学、艺术或者职业活动的批评；

b）国家有权机关在其签发的公文中包含与该机关的活动有关的批评性表述；

c）出于履行法定职责、行使合法权力、保护权利或者其他正当利益的目的实施批评；

d）其他类似情况下的批评。

2. 前款规定不应当适用于下列情形：

a）如果这些批评符合第 363 条规定的犯罪的构成要件；以及

b）如果根据批评的方式及其实施的情境来看可以认定行为人具有侮辱目的的。

第 368 条　告诉

1. 对第 361 条、第 362 条、第 363 条、第 364 条和第 365 条规定的犯罪，只能依据告诉提起追诉。

对第 361 条规定的犯罪，如果被害人是正在履行职务的警察、港务人员、消防人员、医疗人员或者行为人在实施行为时蒙面或者歪曲其面部特征的，为公诉罪。①

2. 在第 365 条规定的情况下，该逝者的仍然在世的配偶或者子女享有告诉权；如果不存在仍然在世的配偶或者子女的，该逝者的父母或者兄弟姐妹享有告诉权。在第 364 条规定的情况下，董事会和其他对之有实质利益关系的人享有告诉权。

3. 如果被害人是公务员并且犯罪发生于其任职期间或者与其履行职责有关的，其上级官员和主管部长也有权提起告诉。

第 369 条　判决的公布

1. 在第 361 条、第 362 条、第 363 条、第 364 条和第 365 条规定的情况下，第 229 条第 3 款的规定也适用于原告。公布判决的时效期间，从判决开始执行时起算。如果该犯罪行为是以在报

---

① 第 3772/2009 号法案新增。

刊上予以刊登的方式实施的，在该报刊上公布的判决至少应包含该判决的理由和裁决部分。

2. 因为报刊所登载的内容引致该有罪判决的报刊之编辑，应当在开始执行之日起 8 日内，在与刊登犯罪性内容的同一报刊的同一位置以同样的字体公布整个判决，否则处不超过 1 年的监禁或者罚金。

第二十二章　侵害秘密罪

第 370 条　侵害通信秘密罪

1. 出于获悉其内容的目的，非法地开启封缄信件、其他密封文书或者侵入保存这些物品的封闭空间，或者使用浏览、抄写、复制信件或者文书的方式侵犯他人隐私的，处罚金或者不超过 1 年的监禁。

2. 对本罪，只能依据告诉提起追诉。

第 370 条 A　侵犯电话通信或者口头谈话秘密罪①

1. 以非法地连接或者任何其他方法介入用于电话服务的设备、线路、网络或者用于提供这种服务的硬件系统、软件系统，或者为自己或者他人获知或者利用物质载体录制第三人之间电话谈话或者关于该通信的地点和业务量的资料的，处不超过 10 年的惩役。在未获得对方明示的同意的情况下，利用物质载体录制自己与他人之间的电话谈话的，处以相同的刑罚。

2. 非法地使用专门技术手段监听或者以物质载体录制第三人之间的口头谈话，或者以物质载体录制他人的非公开行为的，处不超过 10 年的惩役。在未获得对方明示的同意的情况下，利

---

① 第 3090/2002 号法案修正；第 3674/2008 号法案修正。

用物质载体录制自己与他人之间的电话谈话的，处以与前段所指行为相同的刑罚。

3. 对以本条第 1 款和第 2 款规定的方式录制的信息或者其物质载体进行使用的，处不超过 10 年的惩役。

4. 如果本条第 1 款、第 2 款、第 3 款规定的行为的行为人是电话服务提供商及其法定代表人、管理人员、负责保密的人员、雇员、股东，或者作为私人侦查行为而为之，或者行为是职业地或者惯常地实施，或者行为是出于获取报酬的目的而实施的，处不超过 10 年的惩役，并处 55000 至 20 万欧元的罚金。

5. 如果第 1 款和第 2 款规定的行为侵犯军事或者外交机密或者牵涉国家安全或者公益设施安全的，按照刑法典第 146 条和第 147 条的规定处罚。

第 370 条 B①

1. 对属于国家秘密、科学秘密、职业秘密、公共经济部门或者私人经济部门的商业秘密的数据或者计算机程序，非法地予以复制、记录、使用、向第三人泄露或者以其他方式进行侵犯的，处不少于 3 个月的监禁。合法持有人基于合法权益将其作为密件，尤其是对之采取了防止第三人获知之措施的，视为秘密。

2. 如果行为人正在为该信息的所有人工作或者该秘密具有特别巨大的经济价值的，处不少于 1 年的监禁。

3. 如果第 1 款规定的行为侵犯军事或者外交机密或者牵涉国家安全的，按照第 146 条和第 147 条的规定处罚。

4. 第 1 款和第 2 款规定的行为，依据告诉提起追诉。

① 第 1805/1988 号法案新增。

第 370 条 C

1. 在无权利的情况下复制或者使用计算机程序的，处不超过 6 个月的监禁，并处 290 至 5900 欧元的罚金。

2. 在无权利的情况下尤其是侵犯合法所有人的禁令或者所采取的安全措施的情况下，进入存储于计算机或者计算机外部存储设备中或者通过通信系统传递的数据的，处不超过 3 个月的监禁或者不少于 29 欧元罚金。如果该行为涉及国际关系或者国家安全的，按照第 148 条的规定处罚。

3. 如果行为是由为该数据的合法所有人工作的人实施的，只有内部条例或者所有人或者其他负责人员的书面决定对之有明确的禁止规定时，才能对前款所指的行为追究刑事责任。

4. 对第 1 款至第 3 款规定的行为，依据告诉提起追诉。

第 370 条 D （废止）①

第 371 条　侵犯职业秘密罪

1. 牧师、律师及其他各种法律顾问、公证人、医生、助产士、护士、药剂师、通常会因为其职业或者身份而被告知个人隐私的其他人员以及这些人员的助手，将因为其职业或者身份而被告知或者获悉的个人隐私以任何方式告知第三人的，处不超过 1 年的监禁。

2. 在第 1 款规定的人员逝世以后，持有载有该逝者在生前从事职业过程中或者因为其身份所知悉的个人隐私的文书或者记录的人，向第三人泄露该隐私的，处以相同的刑罚。

3. 对本罪，只能依据告诉提起追诉。

4. 如果行为人是为了履行职责或者为了保护公共的、本人

---

① 第 2172/1993 号法案修正。

的、他人的合法的或者具有其他正当根据的重大权益而别无他法的，阻却行为的违法性，不应当追究刑事责任。

第二十三章　侵犯财产罪

第372条　盗窃罪

1. 出于非法占有的目的，全部或者部分地排除他人对动产的占有的，处不少于3个月的监禁。如果所盗窃的对象价值巨大的，处不少于2年的监禁。

2. 本法典所指的动产包括电能、蒸汽以及任何其他能源。

3. 第72条有关交付劳动机构的规定，适用于此类案件。

第373条

出于为自己或者第三人获取财产利益的目的，盗窃逝者坟墓的，按照盗窃罪追究刑事责任。

第374条①　加重盗窃罪

实施盗窃罪具有下列情节的，处不超过10年的惩役：

a）在宗教礼拜场所盗窃用于礼拜的物品的；

b）盗窃向公众展览的具有科学、艺术、考古、历史价值的收藏品，或者在酒吧或者其他公共场所盗窃的；

c）盗窃公共运输工具运送的财物、位于存放有待运输或者领取物品地点的财物、旅客所携带的财物；

d）两个或者两个以上的人共同实施盗窃的；

e）职业地或者惯常地实施盗窃，或者被盗财产的价值总额超过73000欧元的。

---

① 第2721/1999号法案补充；第2408/1996号法案废止f项和g项。

第 374 条 A

1. 单纯地出于短期使用的目的，剥夺他人对机动交通工具的占有的，处不超过 2 年的监禁。

2. 本罪只能基于告诉提起追诉。

3. 第 379 条的规定适用于本条第 1 款规定的犯罪，但应当同时归还交通工具和赔偿丢失人的全部损失。

第 375 条　侵占罪

1. 对其以任何方式占有的他人动产予以非法侵占的，处不超过 2 年的监禁。如果侵占对象价值巨大的，处不少于 1 年的监禁。如果侵占财产的价值总额超过 73000 欧元的，处不超过 10 年的惩役。①

2. 如果该财产是被害人在迫不得已的情况下或者因为行为人作为代理人、监护人、保佐人或者作为财产托管人、管理人的身份而被托付给行为人的，并且价值特别巨大的，处不超过 10 年的惩役。如果前款行为所指对象的价值总额超过 73000 欧元的，视为加重处罚情节。②

3. 下列财产视为他人财产：

a）行为人将被害人此前委托其出售的动产所获得的对价；

b）行为人使用被害人委托其用于购买或者互换动产的金钱或者其他物品所购得或者换得的动产。

第 376 条　侵占遗失物罪

发现遗失物而不在 14 日以内将其发现告知有权机关、公共机构或者受益人的，处罚金。如果该物品的价值很小的，法院可以决定免除刑罚。

---

① 第 2721/1999 号法案新增。

② 第 2408/1996 号法案修正；第 2721/1999 号法案补充。

第 377 条　价值较小的盗窃和侵占

1. 如果所盗窃或者侵占的财产价值很小的，处罚金或者不超过 6 个月的监禁。如果行为人是在迫不得已的情况下出于直接使用或者直接消费的目的而盗窃或者侵占该物品的，法院可以决定不予追究刑事责任。

2. 对本条规定的犯罪，只能基于告诉提起追诉。

第 378 条　告诉

盗窃罪和侵占罪具有下列情形之一的：

a）发生于直系血亲和直系姻亲、养父母和养子女、配偶、已订婚夫妻、兄弟姐妹、兄弟姐妹的配偶及其已订婚夫妻之间；

b）配偶一方对另一方所留下的遗产实施的；

c）发生于监护人与被监护人或者保佐人与被保佐人之间，或者发生于具有依赖关系或者生活于同一家庭的人员之间的，只能依据告诉提起追诉程序。

第 379 条　归还所盗窃或者侵占的财产①

1. 如果盗窃或者侵占的行为人在有权机关以任何方式对其行为进行讯问之前，在未对第三人造成非法损失的情况下主动地归还所盗窃或者侵占的财产或者全部地赔偿其损失的，不以犯罪论处。部分地归还或者赔偿的，只能消灭该部分的犯罪。

2. 不构成重罪之侵占的行为人，如果在一审法院作出判决之前主动地支付全部本金、利息、诉讼费用并且告知被害人或其继承人的，免除刑罚。

第 380 条　抢劫罪

1. 以非法占有为目的，以针对人身的身体暴力或者即刻地

---

① 第 2721/1999 号法案新增。

危害身体完整性或者生命之威胁为手段，全部或者部分地劫取他人动产或者强迫他人交付动产的，处徭役。

如果在实施该行为时蒙面或者歪曲其面部特征的，处不少于10年的徭役。[①]

2．如果该行为致人死亡或者第310条所指的严重伤害，或者采取特别残忍的人身虐待手段的，处终身徭役。

3．正在实施盗窃行为而被抓捕之人，为了维护所盗窃的物品而使用针对人身的身体暴力或者即刻地危害身体完整性或者生命之威胁的，处与第1款和第2款相同的刑罚。

第381条　损毁罪

1．对他人的财产，在故意的情况下全部或者部分地予以毁灭、破坏或者以其他方式使之陷入无法使用状态的，处不超过2年的监禁。

2．如果毁灭的财产价值较小或者破坏所造成的损失轻微的，处罚金或者不超过6个月的监禁。

第382条　加重损毁罪

1．在被害人无挑衅的情况下实施第381条第1款所规定的损毁他人财产的行为的，处不少于6个月的监禁。

2．如果第381条第1款规定的行为的对象具有下列情形的，按照前款规定的刑罚处罚：

a）用于公益用途的物品；

b）价值特别巨大；

c）损毁是由放火或者第270条规定的任何方式造成的。

3．如果第1款所规定的行为由两个或者两个以上的人参与

① 第3772/2009号法案新增。

实施并且具有第2款所规定的情形之一的，处不少于6个月的监禁。

4．在第381条规定的情况下破坏或者毁灭具有考古价值、艺术价值、历史价值的纪念物或者设置于公共场所的物品，如果其他条款没有规定更重的刑罚的，处不少于1年的监禁。

5．如果在实施前述各款所规定的行为时蒙面或者歪曲其面部特征的，不适用第383条的规定，处不少于2年的监禁。①

第383条　一般规定

对第381条和第382条第2款b项规定的犯罪，只能基于被害人的告诉提起追诉。

第384条

在第381条第2款和第382条第2款规定的情况下，如果行为人在有权机关以任何方式对其行为进行讯问之前，在未对第三人造成非法损失的情况下主动地修复被损坏的财产或者全部地赔偿其损失的，不以犯罪论处。部分地修复或者赔偿的，只能消灭该部分的犯罪。

第384条A　侵害公众情感的损毁罪

公然地或者在商店、度假胜地、对公众开放的提供各种餐饮的其他娱乐场所，毁灭、破坏或者以其他方法使动产（无论是否为他人所有）陷入不能使用状态（即使已获得这些商店或者场所的所有人、占有人、负责人的同意也不例外），引起或者以其他方式激起公众情感的，处不超过6个月的监禁。

---

① 第3772/2009号法案新增。

第二十四章 侵犯财产权利罪

第385条 敲诈罪

1. 出于为自己或者第三人获取非法经济利益的目的，使用暴力或者威胁手段，强迫他人实施行为、不实施行为或者容认某一行为，对被强迫人或者其他人造成财产损失，如果不构成第380条规定之罪的，按照下列规定处罚：

a）如果使用针对人身的身体暴力或者即刻危及身体完整性或者生命的威胁之手段实施的，按照第380条第1款和第2款规定的刑罚处罚；

b）如果行为人使用暴力或者威胁手段，对被强迫人、其他人或者保护其免遭第三人实施的此种损害之人所实施的职业活动、职务活动或者其他活动造成损害的，处不少于2年的监禁，并且不能予以易科刑罚或者缓刑。如果行为人惯常地或者职业地实施这些行为的，处不超过10年的惩役。

c）在其他情况下，处不少于3个月的监禁。①

2. 第72条有关交付劳动机构的规定，适用于此类案件。

第386条 诈骗罪②

1. 出于为自己或者第三人获取非法经济利益的目的，故意地虚假陈述事实或者不正当地隐瞒事实真相，说服他人实施行为、不实施行为或者容认某一行为，剥夺其财产的，处不少于3个月的监禁。如果所造成的损失价值巨大的，处不少于2年的监禁。

2. 第72条有关交付劳动机构的规定，适用于此类案件。

---

① 第2408/1996号法案修正。

② 第2721/1999号法案修正。

3. 有下列情形的，处不超过10年的惩役：

a）职业地或者习惯地实施诈骗并且财产利益的总额或者损失的总额超过15000欧元；或者

b）财产利益的总额或者损失的总额超过73000欧元的。

第386条A　计算机诈骗罪

出于为自己或者第三人获取非法经济利益的目的，以使用不正确的配置程序、干涉使用、使用不正确或者不完整的数据或者使用任何其他方法破坏计算机数据，给他人造成财产损失的，处以前条规定的刑罚。如果被害人身份不明的，视为不存在财产损失。对损失数额的计算评估，不受被害人是一人还是多人的影响。

第387条　价值较小的诈骗

如果诈骗所导致的损失价值较小的，可以相应地适用第377条第1款和第2款的规定。

第388条　保险诈骗罪

1. 出于为自己或者他人获得对动产或者不动产的保险金的目的，制造保险事故的，处不少于6个月的监禁。

2. 出于上述目的，对自己造成身体伤害或者对意外出现的人身伤害后果予以扩大的，处以相同的刑罚。

第389条　欺诈性损毁罪

1. 在明知的情况下以虚构事实或者非法地隐匿、不告知真相的手段说服他人实施行为、不实施行为或者容认某一行为，故意地非法损毁他人财产的，处不超过2年的监禁或者罚金。

2. 对本罪，只能依据告诉提起追诉。

第 390 条 背信罪[①]

对基于法律或者法律行为而由其保管或者经营的他人财产（无论是全部的，还是部分的或者只是针对其特定的事务），在明知的情况下造成损害的，处不少于 3 个月的监禁。如果所造成的财产损失超过 15000 欧元的，处不超过 10 年的惩役。

第 391 条 欺诈性逃避支付票款罪（废止）[②]

第 392 条 欺诈性逃避支付对价罪

1. 在直接消费食物或者饮料或者接受依据交易习惯应当即刻付款的住宿或者服务时，故意地不支付费用的，处罚金或者不超过 3 个月的监禁。

2. 对本罪，只能依据告诉提起追诉。

第 393 条 一般规定[③]

1. 第 378 条 a 项和 c 项的规定，做适当的修改后适用于第 386 条和第 387 条所规定的行为。第 379 条的规定，做适当的修改后适用于第 386 条、第 387 条、第 389 条、第 390 条、第 391 条和第 392 条所规定的行为。

2. 在第 382 条第 1 款和第 2 款 c 项、第 386 条、第 386 条 A、第 388 条、第 390 条规定的行为未达到构成重罪的程度时，以及第 404 条第 1 款、第 2 款和第 405 条第 1 款规定的情况下，如果行为人在一审法院开始举证之前已经全部地支付损失金额的本金和利息并且告知被害人或者其继承人的，免除刑罚。

---

① 第 2172/1993 号法案修正；第 3242/2004 号法案修正。

② 第 2207/1994 号法案修正。

③ 第 2721/1999 号法案新增；第 3160/2003 号法案修正；第 3346/2005 号法案修正。

第 394 条　接受或者处分犯罪所得罪

1. 对来源于犯罪的物品，故意地予以隐匿、购买、接受抵押或者以其他方式接受占有，或者委托他人占有该物品，或者促成其转让，或者以其他方法巩固他人对这些物品的占有的，无论物品来源之本罪的行为人是否应当追究刑事责任，处监禁。

2. 如果前款中的交易所指向的犯罪所得价值较小的，处不超过 6 个月的监禁。对本款规定的犯罪，只能依据告诉提起追诉。

3. 来源于犯罪所得的物品之对价，及利用其所获取的物品，均视为来源于犯罪的物品。

4. 如果行为人职业地或者惯常地实施其行为，或者出于谋取私利的目的而实施的，或者所涉物品价值特别巨大的，处不少于 6 个月的监禁。第 72 条有关交付劳动机构的规定，适用于此类案件。

第 394 条 A　洗钱罪（废止）[①]

第 395 条

第 379 条的规定，作相应的变动后适用于第 394 条第 1 款和第 2 款规定的犯罪。

第 396 条　妨碍竞投罪

在公开竞投中，使用暴力或者威胁妨碍自由竞争，或者以给予礼物或者许诺给予礼物的手段让他人退出竞投的，处监禁。

第 397 条　欺骗债权人罪

1. 出于全部或者部分地不对债权人偿付债务的目的，债务人对有关的财产予以破坏、毁灭、使之失去价值、藏匿、不对等

① 第 2331/1995 号法案废止。

地让渡所有权，或者虚构债务、虚构交易的，如果其他条款没有规定更重的刑罚，处不超过 2 年的监禁或者罚金。

2. 其他人为债务人实施上述行为的，处以相同的刑罚。

3. 对本罪，依据告诉提起追诉。

第 398 条 造成破产罪

欺诈地造成《公司法》规定的破产的，处不少于 1 年的监禁；以非欺诈手段造成破产的，处不超过 2 年的监禁。

对非欺诈破产罪，依据清算人或者破产债权人的告诉提起追诉。[①]

第 399 条 妨碍行使财产权利罪

1. 对归自己所有的财产故意地予以全部或者部分地移除或者损毁，因此使用益权、担保物权、留置权的权利人无法行使其权利的，处不超过 2 年的监禁或者罚金。

2. 其他人为所有人实施上述行为的，处以相同的刑罚。

3. 对本罪，依据告诉提起追诉。

第 400 条 非法捕捞罪

1. 在未获得许可的情况下，在他人享有权利的水域捕捞的，处罚金或者不超过 6 个月的监禁。

2. 如果行为人职业地或者惯常地从事非法捕捞的，处不超过 2 年的监禁。

3. 对本罪，依据告诉提起追诉。

第 401 条 非法进入领水捕捞罪

外国人在无权利的情况下进入希腊领水捕捞的，处罚金或者不超过 6 个月的监禁。

---

① 第 3346/2005 号法案新增。

第 402 条　一般规定

第 379 条的规定，做适当变动后适用于第 397 条、第 399 条和第 400 条规定的案件。

第 403 条　欺骗未成年人负债罪

1. 利用未成年人的愚昧无知或者经验缺乏，出于谋取私利的目的，使该未成年人本人或者代表该未成年人的第三人接受损失，或者承诺或者保证支付金钱或者提供具有货币价值的其他利益的，处罚金或者不超过 1 年的监禁。

2. 行为人以未成年人转让财产或者提供担保作为其实施第 1 款所规定行为的条件或者意图以之为手段实现源于这些条件的物质利益的，处以相同的刑罚。

3. 对本罪，依据告诉提起追诉。

第 404 条　高利贷罪

1. 在实施提供信贷、续借款项或者延长付款期间行为时，利用他人的困厄状态、精神薄弱、愚昧无知、缺乏经验或者获取信贷的精神激情状态，为自己或者第三人接受或者获取依据当时的特定情势来看与其提供之信贷相比明显过多的物质利益的，处不超过 2 年的监禁或者罚金。

2. 对有下列情形，处以相同的刑罚：

a）不符合上述条件的人，在确定或者延长付款期间、续借或者贴现贷款时，为自己或者第三人接受或者获取超过法律规定的公平利率的物质利益的；

b）行为人以对方转让财产或者提供担保作为其实施第 1 款或者第 2 款 a 项所规定行为的条件或者意图以之实现源于这些条件的高利贷利益的。

3. 如果行为人职业地或者惯常地实施第 1 款和第 2 款规定的

高利贷行为的，处不超过10年的惩役，并处罚金。[①]

4．如果上述行为由法人实施的，由法人的主管人员和直接责任人员承担刑事责任。[②]

5．如果行为人在被有权机关以任何方式询问之前，自愿地消除非法状态并且采取法定措施将其多得利益以及自获取之日起的法定利息返还给债务人的，不追究其行为的刑事责任。[③]

第405条　谋取暴利罪

1．利用第404条第1款规定以外的其他交易，在该条所规定的相同情形下，职业地或者惯常地为自己或者第三人接受或者获取依据当时的特定情势来看与其提供之交易对象的价值相比明显过多的物质利益的，处不少于3个月的监禁，并处罚金。

2．第404条第5款的规定也适用于本罪。

第406条　股票交易欺诈罪

利用他人的经验缺乏或者精神薄弱，误导从事不属于他人工作范围的、明显地与其财产状况不相称的并且可能因此导致或者加重其经济崩溃的股票投机交易的，处不超过2年的监禁。

第二十五章　乞讨罪与流浪罪

第407条　乞讨罪

因为懒惰或者唯利是图而乞讨，或者习惯性地进行乞讨的，处不超过3个月的监禁。

① 第2721/1999号法案修正。

② 第2721/1999号法案修正。

③ 第2721/1999号法案废止原第5款，原第6款重新排序为第5款。

第408条　流浪罪（废止）[①]

第409条　不阻止乞讨或者流浪罪

有下列情形的，处不超过6个月的监禁或者罚金：

a）怂恿由其监护或者对之存在依赖关系的人乞讨或者不阻止其乞讨、流浪的；

b）向他人交付或者提供不满18周岁或者虽然已满18周岁但存在身体或者精神残疾的人，以便利用其未成年、身体疾病、精神疾病或者残疾而引起公众的怜悯或者好奇心为自己或者他人获取金钱利益的。[②]

第410条　一般规定

第72条有关交付机构劳动的规定，适用于第407条至第409条所规定的案件。

第二十六章　违警罪

I.　一般规定

第411条　对他人的非法行为所承担的责任

工厂主或者其他管理人、工业或者手工业雇主、订约人、商人，如果对其委托人或者代理人所实施的与被安排从事的事务相关或者与工作实施密切相关的非法行为，存在明知并且能够阻止或者可以归责于其疏于履行其应负的监督义务的，应当对之承担刑事责任。

① 第2207/1994号法案废止。

② 第3189/2003号法案修正。

第 412 条 违警罪的累犯或者惯犯

1. 行为人尽管在两年内曾经因为实施同一或者相关的违警罪而被不少于两次地判处拘役，又实施新的可以判处拘役的这种违警罪的，对其所实施的新的违警罪的法定刑加重一倍。

2. 如果已有的证据显示实施违警罪的行为人属于惯犯或者职业犯的，不论其曾经受刑罚处罚之时间间隔长短，均适用前款的加重规定。

II. 具体的违警罪

第 413 条 擅自接受外国政府给予的荣誉或者薪水罪

希腊公民在未获得希腊政府明示许可的情况下，接受外国政府的薪水、津贴、头衔、勋章或者其他识别标志的，处不超过 3 个月的拘役，单处或者并处科料。

第 414 条 非法从事职业罪

1. 在未获得有权机关许可的情况下，从事依法需要获得许可证才能从事的职业的，处科料或者拘役。

2. 这一规定不适用于：

a）只是出于税收目的而依法需要获得许可证的；

b）法律另有特别规定的情形。

第 415 条 随意更改姓氏罪

在未获得有权机关许可的情况下，改变其姓氏或者使用外国姓氏的，处拘役。

第 416 条 恶意引起关切罪

故意地以虚假地请求救助、虚假地使用求救信号或者散布虚假的消息或谣言的手段，引起他人的关切或者使有权机关或者武装力量进入动员状态，如果其他条款没有规定更重的刑罚的，处拘役或者科料。

第417条　扰乱安宁罪

以从事职业过程中或者其他方式产生过分的咔嚓声、噪音、争吵或者任何其他行为，公然地扰乱住宅的居住、愉悦或者夜间宁静的，处拘役或者科料。

第418条　夜间实施过分行为罪

如果餐馆或者其他公共娱乐场所不在警方规定的夜间时段停止娱乐活动的，对下列人员处科料或者拘役：

a）容认他人在已过规定时间的情况下继续停留其中娱乐的娱乐场所负责人；以及

b）在娱乐场所的负责人要求其离开或者警察进行驱散后仍然停留于这些场所娱乐的顾客。

第419条　违反公开演出管理规定罪

在未获警察机关许可的情况下组织公开娱乐活动、公开戏剧表演或者其他公开表演，或者违反有权机关发布的许可中关于地点、时间、方式的规定组织这些演出的，处科料或者拘役。

第420条　违反道路管理规定罪

违反有权机关发布的关于公共街道、公共广场、公共水域之安全、秩序、舒适、宁静、清洁的条例（尤其是警察机关发布的条例）的规定的，处科料或者不超过2个月的拘役。

第421条　违反滩地管理规定罪

违反有权机关发布的关于保护海洋、湖泊、河流的沙滩或者堤岸以及其上的植被或者其他任何设施的条例（尤其是警察机关发布的条例）的规定的，处科料或者不超过2个月的拘役。

第 422 条　疏于预防中毒罪

在明知某一物品的使用有导致人或者动物中毒之危险的情况下，不采取其可能的手段预防该危险的，处不超过 2 个月的拘役或者科料。

第 423 条　非法生产或者提供毒物罪

有下列行为，如果其他条款没有规定更重的刑罚的，处不超过 2 个月的拘役或者科料：

a）在未获得有权机关许可的情况下，配置、出售或者以其他任何方式供应有毒物质的。第 414 条第 2 款 a 项的规定也适用于此种情形。

b）违反有权机关发布的关于有毒物质的生产、出售、供应的条例（特别是警察机关发布的条例）的规定，或者过失地实施可能对他人或者他人的动物造成损害的这类行为的。

第 424 条　违反毒物保管或者运输管理规定罪

有下列情形的，如果其他条款没有规定更重的刑罚的，以第 423 条规定的刑罚处罚：

a）以任何方式持有有毒物质并且谨慎地防止其造成破坏或者改变其用途的；

b）违反有权机关发布有关有毒物质的储存或者运送的条例（尤其是警察机关发布的条例）。

第 425 条　妨碍健康管理规定罪

正患有传染病的人以可能直接传染给他人的方式与他人进行人身接触的，处不超过 6 个月的拘役或者科料。

第 426 条　违反尸体管理规定罪

违反有权机关为保护公共卫生而发布的关于向公共机关报告尸体瞻仰或者埋葬时间、地点、方式的规定的，处不超过 2 个月的拘役或者科料。

第 427 条　违反卫生管理规定罪

违反有权机关发布的关于必须遵守的有关下列事项之卫生的管理规定的：

a）人用水或者非人用水；

b）待售或者意图出售的食品；

c）食物储存、生产、销售地点；

d）从事技艺、商业、工业或者其他工作；

e）通常会因为作为或者不作为而影响公共卫生的任何其他事项，如果其他条款没有规定更重的刑罚的，处科料或者不超过 2 个月的拘役。

第 428 条　投掷秽物罪

向人们或者他人住宅、其他建筑物或者封闭空间投掷污物或者可以引起不便的其他物品的，处科料或者拘役。

第 429 条　违反食品管理规定罪

1. 违反有权机关发布的关于下列事项的条例（尤其是警察机关发布的条例）的，处科料或者拘役：

a）有权机关对食品制作的监督或者检查；

b）销售者所负的有关获取或者储存食品的义务；

c）通常与食品交易或者获取有关之销售地点、销售时间、合理价格或者其他细节。

2. 第 1 款的规定不适用于分则有具体规定的其他犯罪。

第 430 条　违反水害预防管理规定罪

违反有权机关发布的关于预防由水所造成的损害的条例（尤其是警察机关发布的条例）的，处科料或者不超过 2 个月的拘役。

第 431 条 扰乱交通罪

在无权利的情况下，在陆上或者水上公共场所阻碍交通，或者以任何方法扰乱或者危及交通安全，如果其他条款没有规定更重的刑罚的，处科料或者不超过 2 个月的拘役。

第 432 条 非法制造或者提供爆炸物罪

有下列行为，如果其他条款没有规定更重的刑罚的，处不超过 3 个月的拘役或者科料：

a）在未获得必需的有权机关许可的情况下，配制、出售或者以其他方式提供火药、其他爆炸物、易燃烟花或者腐蚀物质。第 414 条第 2 款 a 项的规定也适用于此种情形；

b）违反有权机关发布的关于制作、出售、供应、储存、运输、使用类似物品的条例（尤其是警察机关发布的条例）；

c）过失地实施上述行为可能对人身或者他人财产造成危害的。

第 433 条 违反防火管理规定罪

有下列行为，如果其他条款没有规定更重的刑罚的，处不超过 3 个月的拘役或者科料：

a）以可能对人身或者他人财产造成损害的方法，过于自信或者疏忽大意地使用火种或者照明设备的；以及

b）违反有权机关发布的关于预防纵火危险的条例（尤其是警察机关发布的条例）的。

第 434 条 违反建筑管理规定罪

有下列行为，如果其他条款没有规定更重的刑罚的，处拘役或者科料：

a）违反有权机关发布有关建筑工人的安全、保健的条例或者其他规范建筑安全或者避免建筑可能产生之危险的一般条例

（尤其是警察机关发布的条例）；

b）在过失地实施可能对人身或者他人财产造成损害的建筑行为的；

c）在建造其他类似工程或者建筑拆除活动中实施 a 项所指行为的。

第 435 条　以牲畜制造危险罪

有下列行为的：

a）放任野生动物或者存在危险隐患的动物游荡；

b）不采取必要的预防措施防止这些动物造成损害或者不遵守有权机关所决定采取的措施；

c）未经警察机关许可拥有危险野生动物；

d）刺激犬类侵害人们，

处科料或者不超过 2 个月的拘役。

第 436 条　以武器制造危险罪

在下列情形下持有、使用或者向他人提供武器，如果其他条款没有规定更重的刑罚的，处拘役或者科料：

a）违反有权机关发布的条例（尤其是警察机关发布的条例）的；

b）因为过失可能对他人造成伤害的。

第 437 条　抛石头制造危险罪

向人们、他人的住宅或者其他建筑物或者向通常有人居住或者光顾的庭院、花园、封闭区域或者场所，投掷石头或者可能对人身或者他人财产造成损害的其他硬物的，处科料或者拘役。

第 438 条　与水井等的管理有关的不作为罪

在人们经常光顾的地点实施下列行为的，处科料或者不超过 2 个月的拘役：

a）不设警示标志或者以其他方法不照管人工的或者天然的水井、地窖、坑道、峭壁或者可能对他人造成危险的其他挖掘工事；

b）在未获得警察机关许可的情况下，放置捕捉器、自动射击器或者可能对他人构成危险的其他类似设备的。

第 439 条 疏于监管精神病人罪

疏于履行监管精神病人的义务，因此可能对他人产生危险的，处科料或者拘役。

第 440 条 醉态滋事罪

1. 可归责地陷入醉态，因此对他人造成人身危险或者严重地扰乱公共秩序的，如果其他条款没有规定更重的刑罚，处科料或者拘役。

2. 正在从事要求予以特别注意的工作的人自己陷入醉态，或者处于醉态的人从事这种工作的，处以相同的刑罚。

第 441 条 医务人员不作为罪

医生或者助产士在无正当化阻却事由的情况下拒绝从事其工作，或者在工作中疏忽大意因而可能对他人造成危险的，如果其他条款没有规定更重的刑罚，处科料或者不超过 3 个月的拘役。

第 442 条 发现尸体不报告罪

发现尸体不立即报告有权机关的，处科料。

第 443 条 秘密或者提前埋葬罪

有下列行为的：

a）在未获得有权机关许可的情况下，埋葬或者以任何方法灭失、解剖尸体的；

b）违反有权机关有关防止提前埋葬、灭失、解剖尸体的条例的，处科料或者不超过3个月的拘役。

第444条　向外国人提供住宿不报告罪

违反警察机关发布的关于就向外国人提供住宿或者出租房屋事项进行记录或者向有权机关报告的条例的，如果其他条款没有规定更重的刑罚，处科料或者拘役。

第445条　违反私人雇员规定罪

违反警察机关关于私人雇员或者私人佣人的条例的，处科料或者拘役。

第446条　非法配制钥匙等开锁工具罪

有下列行为的，处科料或者不超过2个月的拘役：

a）在未获得警察机关许可的情况下，钥匙制造者或者其他工匠、商人提供万能钥匙或者任何其他开锁工具的；

b）钥匙制造者或者其他工匠：

i）在未获得警察机关许可或者未获得不动产、动产所有人或其代理人同意的情况下，为门、房间、储存空间配置钥匙的；

ii）在没有有权机关命令或者不能确定要求其开锁的人是所打开之物品的所有人或其代理人的情况下，应他人的请求开锁的。

第447条　违反度量衡规定罪

有下列行为，如果其他条款没有规定更重的刑罚的，处拘役或者科料：

a）负责制作度量衡刻度的专业人员，制作虽然能够使用却没有法定的证明其精确性的合法标志的度量衡，或者制作客观上不正确的度量衡的；

b）违反有权机关（尤其是警察机关）发布的关于度量衡刻度的条例的。

第 448 条　违反报价规定罪

违反有权机关发布的有关报价的条例，并且不符合第 429 条和法律的任何其他具体规定的，处科料或者拘役。

第 449 条　制造或者销售无法定标志的金银制品罪

生产或者销售无法定标志的金银制品的，处科料。

第 450 条　引起有关货币流通的危险罪

有下列行为的，处科料：

a）意图使其被当做真实的金币、银币、纸币、第 214 条所规定的视为纸币的文书的目的，制作与之类似的物品或者以任何方法将其投入流通的；

b）制作印记、压花、金属板或者其他能够被用于制作 a 项所规定物品的其他基片的。

第 451 条　非法制作造币工具罪

在未获得有权机关书面许可的情况下，制作、获取、向有权机关或者合法持有人交付下列对象的，处科料或者拘役：

a）印记、压花、金属板或者其他能够被用于制作铸币、纸币、第 214 条规定的视为纸币的文书、官方票证（第 218 条）、公共许可证、公共证明书的其他基片；

b）用于制作这些公文书、许可证、证明书印模或者铸模的外观。

第 452 条　拒绝接受货币罪

拒绝接受在希腊境内合法流通货币进行支付的，处科料。

第 453 条　非法制作私人印章罪

以针对身份不明或者不可靠的人员、不对更多的细节进行审查或者不对可能的滥用提供保证的方式，制作或者提供私人标志、私人印章或者商业机构使用的交易标志的，处科料。

第 454 条　违反典当人条例罪

违反有权机关发布的有关典当商的条例的，处不超过 3 个月的拘役，并处或者单处科料。

第 455 条　隐瞒杀人行为罪

实施故意杀人行为但根据第 22 条和第 25 条的规定不应当承担刑事责任的人，不立即报告最近地方的有权机关的，处科料或者拘役。

第 456 条　减损土地罪

1. 在无权利的情况下，故意地以挖掘、犁耕或者其他方法减损他人的土地、公共或者私人的街道或者广场或者这些土地的分界线的，处科料或者不超过 3 个月的拘役。

2. 本罪只能基于告诉提起追诉程序，但在公共的街道或者广场上实施的除外。

第 457 条　违反剥夺权利禁令罪

因为被认定构成犯罪而被永久或者有期限地剥夺特定权利的人仍然行使该种权利的，如果其他条款没有规定更重的刑罚，处科料或者不超过 3 个月的拘役。

第二十七章　最后条款

第 458 条　违反行政条例罪[①]

故意地违反行政法中的命令性条款或者禁止性条款，如果该条款规定将违反行为作为犯罪予以刑事处罚的，处不少于 59 欧元的科料。

① 第 2207/1994 号法案修正。

第459条 违反警察机关发布的其他条例罪

违反警察机关针对前一章具体规定以外的其他物品或者其他目的所发布的条例的，处科料或者拘役。

第三编　附　　则

第 460 条

本刑法典从 1951 年 1 月 1 日起施行。

第 461 条

从本刑法典施行之日起，1833 年 11 月 3 日刑法典及此后对该法典的修正规定予以废止。

第 462 条

在本法典施行后，《军事刑法典》和其他法律中与上述被废止的刑法的具体条文有关的问题，应当按照本法典有关的规定进行解释。

第 463 条

特别刑法中规定的拘役、监禁、禁锢、有期徒刑、无期徒刑，在本刑法典施行后根据第 51 条至第 55 条的规定予以理解和适用。禁锢和有期徒刑适用有期惩役的规定，无期徒刑适用终身惩役的规定。

第 464 条

特别刑法中规定的刑罚的期限仍然适用。

第 465 条

本法典的规定，不影响特别法中有关判决犯罪人以外的第三人履行支付金钱刑或者金钱偿付义务的规定继续有效。

第 466 条

特别刑法中对本刑法典以外的从刑或者其他法律后果的规

定，不受本刑法典的影响，继续有效。

第 467 条

如果特别法规定处罚未遂并且规定处以与既遂相同刑罚的，法官可以根据本刑法典第 42 条第 1 款的规定处以较轻的刑罚。

第 468 条

在特别法规定了与本刑法典第 111 条不同的时效期间时，如果其规定的时效期间不少于 1 年的，以这些特别法最新规定的时间为准；如果其规定的时效期间少于 1 年，均为 1 年。在特别法未对其所规定的具体犯罪规定明确的时效期间时，根据本刑法典第 111 条的规定确定其时效期间。

第 469 条

不满 17 周岁的未成年人因为实施于本刑法典施行之前的行为而被生效判决判处剥夺自由刑的，根据本法典第 129 条和第 132 条的规定易科为紧闭于专门羁押机构病，其上限为原判决确定的剥夺自由刑的刑期，下限为该刑期的 1/2。如果所被适用的刑罚是死刑或者无期徒刑的，自动易科为有期惩役，上限为 20 年，下限为 10 年。

第 470 条

在第 5017/1931 号法案第 5 条第 2 款 a 项和 b 项规定的情形下，如果符合本刑法典第 6 条和第 7 条规定的条件的，希腊的刑事法庭可以审理实施于外国航空器上的重罪或者轻罪。在该款 a 项和 b 项所规定的情形下，无论该航空器的国籍国的法律如何规定，一律依据希腊刑法的规定进行追诉。.

第 471 条

下列条款的效力不受影响：

1）1871 年“对抢劫的追诉法案”；

2）1911 年“关于盗窃动物和可饲养的动物法案”；

3）第 4173 号法案“森林法典”第 219 条关于破坏森林等的规定以及该法案中的特别刑法条款（被废止的第 473 条除外）；

4）第 1010/1939 号法案“乡村安全法典”中关于乡村盗窃、抢劫、破坏农业、移动地标的条款；

5）第 136/1946 号法案“市场管理法典”中的刑罚条款以及此后的修正；

6）第 375/1936 号法案“对间谍罪和危害国家外部安全的犯罪活动的刑罚”及其此后对之进行修正和补充的法律。

第 472 条

下列条款在其所规定的期间内暂时地继续适用：

1）第 453/1945 号法案“关于制定加强公共安全的措施”第 2 条和第 3 条；

2）第 19/1945 号法案“关于对特定刑法条款的修改”第 5 条；

3）1946 年第 3 号决议“关于划分经济等级的临时措施”以及此后的修改和补充规定；

4）任何其他适用于特定期间的特别刑法规定。

第 473 条

1．从本刑法典施行之日起，下列条款废止：

1）特别刑法中关于数罪并罚和累犯案件中如何裁量刑罚的条款；

2）特别刑法中关于不允许适用假释、缓刑和将拘役或者监禁易科罚金或者科料的条款。

2．下列条款也予以废止：

1）第 811/1917 号法案“被监禁罪犯的假释”及其此后的修

正，但第 8 条、第 10 条和第 11 条除外；

2）缓刑法案及其此后的修正；

3）1933 年 7 月 4 日法案（被第 5986 号法令修正并且被第 1294/1938 号法案认可），但第 15 条至第 19 条除外；

4）第 1165/1939 号法案“海关法典”第 102 条第 3 款（被第 2081/1939 号法案第 3 条所替代）；

5）“逃亡法”第 3 条和第 10 条；

6）第 971/1917 号法案“酒精税”第 27 条第 9 款及其此后的修正；

7）第 5096 号法案“关于对刑法进行补充”第 1 条、第 2 条、第 3 条；

8）“汽车法律责任法”第 1 条第 3 款关于在可归责于驾驶人的犯罪中适用于汽车持有人的刑罚的规定；

9）“关于危害铁路安全的犯罪”法案，但第 5 条除外；

10）“关于铁路安全和治安”法案第 1 条；

11）“关于约定利率、高利贷和谋取暴利”法案第 5 条；

12）第 3632 号法案“关于股票交易”第 34 条 d 项；

13）第 3090 号法案“关于修改监狱法”第 9 条至第 10 条；

14）第 202 号法案“关于捐献遗体”第 9 条至第 10 条；

15）第 6094 号法案“关于危害国家安全和公共安宁的特定组织”第 60 条；

16）第 755/1917 号法案“关于危害国家安全和公共安宁的特定犯罪”；

17）第 1592 号法案“关于决斗”，但第 7 条至第 8 条除外；

18）第 2111 号法案“关于危害劳动自由的犯罪”；

19）第 2918 号法案“关于修改比雷埃夫斯港基金会法”第 1

条；

20）第1681号法案“关于流浪及其管理”第1条至第7条；

21）第1682号法案“关于保护乞讨、流浪及其他未成年人罪犯”第4条和第5条；

22）1923年“关于城市、住宅区等的工程”的法案第66条、第67条、第68条；

23）第3316号法案“关于雅典至比雷埃夫斯的供水”第13条第1项、第2项、第3项；

24）1926年5月20日“关于律师”的法案第7条最后一款；

25）第4862号法案“外侨学校”第7条第5款；

26）第4092号法案“财产保护法”，但第3条除外；

27）1929年11月29日法案“森林法典”（被第4173/1929号法案批准）第232条第7款；

28）第4277号法案“关于有线通信”第41条至第45条以及第4275号法案“关于电话通信”第2条；

29）第4332号法案“关于批准政府和国家银行关于建立和运作农业银行的协议”第8条第6款和第7款；

30）1929年11月28日总统令“关于加强道路的修建和保养”第24条第6款（被第1966/1939号法案第4条替代）；

31）第4581号法案“关于邮政通信”第14条（被第6243/1934号法案第8条替代）和第15条；第6243/1934号法案第9条（被第1814/1939号法案第2条补充）；

32）第4639号法案“关于开垦荒地的合作社”第72条第1款和第73条；

33）第4755号法案“关于印花税”第57条、第59条、第61条；

34）第4841号法案“机动车、交通义务和驾驶人的条件”第42条第11款b项第8目有关驾驶人过失造成的伤害和第43条第8款最后一项关于行为人过失致人死亡的规定；

35）第4971号法案“关于城市警察机构的组织”第58条；

36）第6015号法案“关于消防”第16条；

37）1935年6月8日法案“宪兵的组织”第107条第2款；

38）第5004号法案“关于海军基地负责人发布的警察条例”独立条第3款；

39）第5016号法案“批准1929年4月20日在日内瓦签署的防止伪造货币的国际公约”第4条至第10条（关于采取强制查禁措施以及对有关犯罪适用刑罚）；

40）第5060号法案“关于侵害公序良俗的新闻报道以及其他相关犯罪”第10条、第11条、第12条、第13条、第17条、第18条、第19条、第20条、第28条；第5999号法案“修改第5060号法案”第3条第2款和第4条；

41）第5425号法案“修改有关抵押登记的规定”第13条；

42）第5458/1934号法案“公务员、雇员等的罢工”第3条和第4条；

43）第6439/1934号法案“关于变更被判刑人支付年金的判决和违背婴儿食物供给义务的刑罚”第4条；

44）1935年11月19日“对装修法进行修改和补充”法案第5条及其修正；

45）“关于海底电缆犯罪和安全”法案第9条；

46）“关于伪造外国的邮票等物品”法案；

47）第5911号法案“关于教科书”第13条第5款；

48）1923年12月13日“关于海军的刑事和纪律规范”法案

第15条至第25条；

49）第1390/1944号法案“青少年犯罪审判”第1条和第2条（第2135号法案修正）；

50）第2724/1940号法案“监禁机构组织和运行”第1编第2条第2款。

特别法中所包含的与本刑法典分则所规定的事项相关的条款，都予以废止。

附录：《中华人民共和国和希腊共和国关于民事和刑事司法协助的协定》

中华人民共和国和希腊共和国关于民事和刑事司法协助的协定

中华人民共和国和希腊共和国（以下简称“缔约双方”），为了加强两国之间的友好关系，促进两国在司法领域的合作，决定在相互尊重主权和平等互利的基础上缔结关于民事和刑事司法协助的协定，为此目的，双方指派全权代表如下：

中华人民共和国方面为外交部副部长　姜恩柱

希腊共和国方面为外交部部长　帕普利亚斯

双方全权代表相互校验全权证书，认为妥善后，议定下列各条：

第一章　总　则

第一条　定　义

一、在本协定中：

（一）“民事”一词包括由民法、商法、家庭法和劳动法调整的事项。

（二）“主管机关”一词包括法院、检察院和其他主管民事和刑事案件的机关。

二、本协定有关缔约双方国民的条款，除本协定第十二条的规定外，亦适用于根据缔约任何一方法律成立，且设在该缔约一方境内的法人。

第二条　司法保护

一、缔约一方国民在缔约另一方境内，在人身和财产权利方面享有与缔约另一方国民同等的司法保护。

二、缔约一方国民有权在与缔约另一方国民同等的条件下，在缔约另一方主管机关提起诉讼或提出请求。

第三条　联系方式

一、除本协定另有规定者外，请求和提供司法协助应通过缔约双方的中央机关进行。

二、缔约双方的中央机关为各自的司法部。

第四条　文　字

司法协助请求书及其所附文件应用提出请求的缔约一方的文字制作，并附有被请求的缔约一方的文字或法文或英文的译文。

第五条　司法协助的拒绝

如果缔约一方认为执行缔约另一方提出的司法协助请求可能损害其国家的主权、安全或公共秩序，可以拒绝执行该项请求，但应尽快将拒绝的理由通知缔约另一方。

第六条　司法协助的费用

除本协定另有规定者外，缔约双方在本协定范围内相互免费提供司法协助。

第七条　认证的免除

为实施本协定的目的，由缔约一方主管机关制作或证明的任何文书，只要经过签署或盖章，即可在缔约另一方司法机关使用，无须认证。

第八条　文书的证明效力

缔约一方主管机关制作的官方文书，在缔约另一方境内，与该缔约另一方主管机关制作的同类官方文书具有同等的证明效力。

第九条　交换法律情报

缔约双方应根据请求，相互通报各自国家现行或曾经施行的法律和法规及其在实践中的适用情况。

第二章　民事司法协助

第一节　一般规定

第十条　民事司法协助的范围

缔约双方应根据本协定，相互提供下列司法协助：

（一）送达和转递司法文书和司法外文书，包括有关个人身份证明的文件；

（二）代为调查取证；

（三）承认和执行法院裁决和仲裁裁决。

第十一条　免予提供担保

缔约一方法院对于缔约另一方国民，不得仅因为其是外国国民或在该缔约一方境内没有住所或居所而要求其提供诉讼费用担保。

第十二条　诉讼费用的免除和司法救助提供

一、缔约一方国民在缔约另一方境内，可以在与缔约另一方国民同等的条件下和范围内，申请免除诉讼费用和享受免费司法救助。

二、本条第一款规定的优惠应适用于某一特定诉讼案件的全过程，包括裁决的承认与执行。

第十三条　免除诉讼费用和提供司法救助的申请

一、申请免除诉讼费用和提供免费司法救助，应由申请人住所或居所所在的缔约一方的主管机关出具有关其经济和家庭状况的证明书。

二、如果申请人在缔约双方境内均无住所或居所，该项证明应由其本国派驻在申请人有住所或居所的国家的外交或领事代表机构出具。

三、缔约一方法院可根据本协定第三条规定的途径，要求出具上述证明书的机关提供有关补充情况。

第二节　送达文书和调查取证

第十四条　送达文书

缔约双方应根据一九六五年十一月十五日订于海牙的《关于向国外送达民事或商事司法文书和司法外文书公约》，相互代为送达民事司法文书和司法外文书。

第十五条　转递个人身份证明书

缔约双方应根据请求，通过本协定第三条规定的途径，相互转递关于缔约另一方国民出生、死亡和婚姻状况的文书。

第十六条　调查取证的范围

缔约双方法院应根据请求相互代为询问当事人、证人、鉴定人，进行鉴定以及被请求的缔约一方法律允许的其他活动。

第十七条　调查取证的请求书

一、调查取证的请求书应包括下列内容：

（一）请求机关的名称；

（二）调查取证请求所涉及案件的案情；

（三）当事人的姓名和地址，如有代理人，代理人的姓名和地址；

（四）调查取证的内容及执行该请求所需的材料。

二、请求书及其附件应由请求机关签署或盖章。

第十八条　调查取证请求书的执行

一、被请求的缔约一方执行请求时，应适用其本国法；如果提出请求的缔约一方要求按照特殊方式执行请求，被请求的缔约一方在采用这种方式时以不违反其本国法为限。

二、如果提出请求的缔约一方提供的材料不够充分，以致无法执行请求，则被请求的缔约一方可以要求提出请求的缔约一方提供补充材料。

三、如果被请求的缔约一方因提出请求的缔约一方提供的材料不全而无法执行请求，应将妨碍执行的理由通知提出请求的缔约一方，并向其退还全部有关文书。

四、被请求的缔约一方应根据请求将其执行调查取证请求的时间和地点通知提出请求的缔约一方，以便有关当事人或其代理人到场，并遵守被请求的缔约一方的法律。

五、缔约一方可以通过本国派驻缔约另一方的外交或领事代表机构，直接向缔约另一方境内的本国国民调查取证，并遵守缔约另一方的法律，执行本规定时不得采取任何强制措施。

第十九条　通知执行结果

被请求的缔约一方的主管机关应通过本协定第三条规定的途径，将执行请求的结果以书面形式通知提出请求的缔约一方，并附执行所获得的证据材料。

第三节　裁决的承认与执行

第二十条　须承认与执行的裁决

在本协定生效后，缔约双方应根据本协定规定的条件在其境内予以承认与执行缔约另一方作出的：

（一）民事裁决；

（二）刑事判决中有关损害赔偿的部分；

（三）仲裁裁决、法院制作的调解书和仲裁调解书。

第二十一条　请求的提出

承认与执行裁决的请求书应由申请人向作出该裁决的缔约一方法院提出，该法院应通过本协定第三条所规定的途径将该请求转交给缔约另一方法院，申请人可直接向承认或/和执行该裁决的主管法院提出。

第二十二条　请求书所附的文件

一、承认与执行裁决的请求书应附下列文件：

（一）裁决书或经证明无误的裁决副本；

（二）证明裁决已经生效和可以执行的文件，除非裁决中对此已予以说明；

（三）证明在缺席判决的情况下，败诉一方当事人已经以适当方式得到合法传唤，无诉讼行为能力的当事人已得到合法代理的文件，除非裁决中对此已予以说明；

（四）证明诉讼程序开始的日期的文件。

二、上述文件应附被请求的缔约一方的官方文字或法文或英文的译文。

第二十三条　拒绝承认与执行

在下列情形下，被请求的缔约一方法院可以拒绝承认与执行裁决：

（一）如果根据被请求的缔约一方法律，该方法院对该案享有专属管辖权；

（二）如果根据提出请求的缔约一方法律，该裁决尚未生效或不能执行；

（三）如果根据提出请求的缔约一方法律，未曾出庭的败诉一方当事人未经合法传唤或被剥夺了答辩的权利，或在其没有诉讼行为能力时没有得到合法的代理；

（四）如果被请求的缔约一方的法院对于相同当事人之间就同一标的和同一事实的案件已经作出了终审裁决，或已经承认了第三国对该案作出的终审裁决；

（五）如果被请求的缔约一方的法院对于相同当事人之间就同一标的和同一事实的案件正在进行审理，且这一审理是先于提出请求的缔约一方法院开始的。

第二十四条　承认与执行的程序

一、裁决的承认与执行应适用被请求的缔约一方法律所规定的程序。

二、被请求的缔约一方法院可以审查该裁决是否符合本协定的规定，但不得对该裁决进行实质性审查。

三、如果裁决涉及多项内容且该裁决无法得到全部承认或/和执行，被请求的缔约一方法院可仅承认或/和执行部分裁决。

第二十五条　承认与执行的效力

缔约一方法院作出的裁决，一经缔约另一方法院承认或执行，即与该另一方法院作出的裁决具有同等的效力。

第二十六条　仲裁裁决的承认与执行

缔约一方应根据一九五八年六月十日在纽约签订的《关于承认与执行外国仲裁裁决的公约》，承认与执行在缔约另一方境内作出的有关商事争议的仲裁裁决。

第二十七条　有价物品的出境和资金的转移

实施本协定有关承认与执行裁决的规定，不得违反缔约双方有关有价物品的出境和资金的转移方面的法律和法规。

第三章　刑事司法协助

第二十八条　刑事司法协助的范围

根据本协定的规定，缔约双方应相互提供以下各项刑事司法协助：

（一）送达文书；

（二）进行鉴定和司法勘验；

（三）向有关人员录取证词；

（四）搜查、扣押和移交文件、证物与赃款赃物；

（五）安排证人、鉴定人和在押人员出庭作证；

（六）刑事诉讼的转移；

（七）通报刑事判决。

第二十九条　刑事司法协助的拒绝

一、被请求的缔约一方可根据下列理由之一，拒绝提供司法协助：

（一）如果被请求的缔约一方认为请求所涉及的犯罪具有政治性质或为军事犯罪；

（二）请求所涉及的嫌疑犯或罪犯是被请求的缔约一方国民，

且不在提出请求的缔约一方境内；

（三）根据被请求的缔约一方法律，请求所涉及的行为并不构成犯罪；

（四）被请求的缔约一方已对该请求所涉及的嫌疑犯或罪犯，就同一罪行作出了终审裁决。

二、如执行请求可能妨碍正在被请求的缔约一方境内审理的刑事诉讼，被请求的缔约一方可拒绝、推迟或在一定条件下执行请求。

三、被请求的缔约一方应及时将上述拒绝、推迟或在一定条件下执行请求的理由通知提出请求的缔约一方。

第三十条　司法协助请求书

一、司法协助的请求应以请求书的形式提出。请求书应包括以下内容：

（一）请求机关的名称；

（二）犯罪的性质与事实，以及所适用的请求一方的法律条文；

（三）请求中所涉及的人员的姓名、国籍、住所或居所及其他一切有关其身份的情况；

（四）请求的内容及需履行的司法行为；

（五）需予搜查、扣押和移交的文件与物品；

（六）请求方要求适用的特别程序及其理由；

（七）执行请求的时间限制；

（八）执行请求所需的其他材料。

二、上述请求书及其附件应由请求机关签署和/或盖章。

第三十一条　送达文书

一、提出请求的缔约一方要求送达的任何有关刑事诉讼的文件，被请求的缔约一方应根据其本国法予以送达。

二、被请求的缔约一方应以送达回证的方式证明已完成送达。送达回证应包含受送达人的签名和收件日期、送达机关的名称及其盖章和送达人的签名以及送达方式和地点。如果收件人拒收，还应说明拒收的理由。

第三十二条　调查取证请求的执行

提出请求的缔约一方可要求按特殊方式执行请求，被请求的缔约一方在采取这种特殊方式时以不违反其本国法律为限。

第三十三条　证据的提供

一、被请求的缔约一方应通过本协定第三条规定的途径移交调查取证所取得的证据材料。

二、被请求的缔约一方可以移交提出请求的缔约一方要求提供的文件的经证明无误的副本或影印件；但在提出请求的缔约一方明示要求移交原件的情况下，被请求的缔约一方应尽可能满足此项要求。

三、被请求的缔约一方应移交提出请求的缔约一方要求提供的作为证据的物品，但物品的移交不得侵犯被请求的缔约一方以及与这些物品有关的第三者的权利。

四、如果上述文件或物品对被请求的缔约一方境内其他未决刑事诉讼案件是不可缺少的，则被请求的缔约一方可暂缓提供。

五、根据本条约移交的任何文件或物品免征有关税费。

第三十四条　归还证据

提出请求的缔约一方应尽快归还被请求的缔约一方向其移交的任何物品或文件的原件。但被请求的缔约一方放弃归还要求时除外。

第三十五条　证据的使用限制

移交给提出请求的缔约一方的文件或物品等只能被用于该司法协助请求中所限定的目的。

第三十六条　证人的鉴定人的出庭

一、如果提出请求的缔约一方认为证人或鉴定人有必要就有关刑事案件来到其主管机关，则应在其要求送达出庭通知的请求中予以提及，被请求的缔约一方应向有关的证人或鉴定人转达上述请求。

二、送达出庭通知的请求应在要求证人或鉴定人就有关刑事案件来到提出请求的缔约一方的主管机关之日的至少两个月之前递交给被请求的缔约一方。

三、被请求的缔约一方应将证人或鉴定人的答复及时通知提出请求的缔约一方。

四、提出请求的缔约一方应在请求书或出庭通知中说明可支付的大约补偿数以及可偿付的旅费与食宿费。应证人或鉴定人的要求，提出请求的缔约一方应向其全部或部分预付上述费用。

第三十七条　证人和鉴定人费用的标准

提出请求的缔约一方需付给证人或鉴定人的补偿、食宿费及旅费，应自证人和鉴定人离开其居所地起算，且其数额至少应等于提出请求的缔约一方的现行规章所规定的数额。

第三十八条　证人和鉴定人的保护

一、提出请求的缔约一方不得对拒绝按照本协定第三十六条的规定前往其境内作证或鉴定的人予以处罚，或以采取强制措施相威胁，或采取任何强制措施。

二、提出请求的缔约一方对于传唤到某司法机关的证人或鉴定人，不论其国籍如何，不得因其入境前所犯的罪行或者因其证词或鉴定结论而追究其刑事责任、予以逮捕或以任何形式剥夺其自由。

三、如果证人或鉴定人在提出请求的缔约一方主管机关通知其不必继续停留之日起十五天后仍不离开该缔约一方境内，则丧失第一款给予的保护。但此期限不包括证人或鉴定人由于自己不能控制的原因而未能离开提出请求的缔约一方境内的期间。

第三十九条　在押人员作证

一、如果缔约一方主管机关认为有必要将在缔约另一方境内的在押人员作为证人加以询问，本协定第三条所规定的缔约双方的中央机关可就将在押人员移交到提出请求的缔约一方境内一事达成协议，条件是该人应继续受到拘禁，且在询问完毕后尽快得以返回。

二、如果缔约一方主管机关认为有必要将在第三国的在押人员作为证人加以询问，被请求的缔约一方必须允许上述人员在其境内过境。

三、有下列情况之一的，可拒绝本条第一款所述的移送：

（一）在押人员本人不同意；

（二）移送可能延长该人的羁押时间；

（三）存在不允许移送该人的必要理由。

四、本条第一款所述的协议应包括有关移送费用的规定。

五、本协定第三十八条的规定同样适用于本条第一款和第二款所规定的情况。

第四十条　赃款赃物的移交

一、缔约一方应根据缔约另一方的请求，将罪犯在缔约另一方境内犯罪时所获得的赃款赃物移交给该缔约另一方。但此项移交不得损害被请求的缔约一方或与上述钱物有关的第三方的合法权利。

二、如果上述赃款赃物对于被请求的缔约一方其他未决刑事诉讼是必不可少的，被请求的缔约一方可延迟移交。

第四十一条　刑事诉讼的转移

一、缔约一方有义务根据请求，按照其本国法，对在提出请求的缔约一方境内犯罪的本国国民提起刑事诉讼。

二、移交刑事诉讼的请求书应附上有关调查结果、现有的所有证明材料文件，以及根据请求方现行法律适用该罪行的刑法条款。

三、被请求的缔约一方应将本条第一款所述的刑事诉讼的结果通知提出请求的缔约一方，并在已作出判决的情况下附送一份终审判决的副本。

第四十二条　刑事判决的通报

缔约一方应向缔约另一方通报有关对缔约另一方国民所作生效刑事判决的结果，并应提供判决书的副本。

第四章　最后条款

第四十三条　分歧的解决

因解释或实施本协定所产生的分歧均通过外交途径解决。

第四十四条　批准、生效和终止

一、本协定须经批准。批准书在北京互换。本协定在互换批准书后第三十天起生效。

二、本协定无限期有效。缔约双方均可通过外交途径书面提出终止本协定。在此种情况下，本协定自收到通知之日起六个月期满后失效。

本协定于一九九四年十月十七日在雅典签订，一式两份，每份均用中文和希腊文写成，两种文本同一作准。

双方全权代表在本协定上签字，以昭信守。

中华人民共和国代表	希腊共和国代表
姜恩柱	帕普利亚斯
（签字）	（签字）